全国建设行业职业教育任务引领型规划教材

房地产营销操作实务

（房地产类专业适用）

主编 华 梅 蒋 英
主审 彭后生 韩 强

中国建筑工业出版社

图书在版编目（CIP）数据

房地产营销操作实务/华梅，蒋英主编．—北京：中国建筑工业出版社，2010.7
（全国建设行业职业教育任务引领型规划教材．房地产类专业适用）
ISBN 978-7-112-12230-1

Ⅰ．房… Ⅱ．①华…②蒋… Ⅲ．①房地产-市场营销学 Ⅳ．①F293.35

中国版本图书馆CIP数据核字（2010）第125205号

本书立足于新房销售岗位的工作需要，介绍了房地产营销代理的基本知识，结合项目阐述了置业顾问参与房地产市场调查、领会房地产项目策划的工作过程，重点详细地介绍了新房销售的业务流程、工作规范、实操技巧等内容。书中打※号部分作为学生专业技能提高模块，为选修内容。

本书适用作职业院校房地产类专业房地产营销操作课程教材，也可用于房地产营销代理公司、房地产开发公司中初级置业顾问的培训教材。

* * *

责任编辑：张　晶　刘平平
责任设计：赵明霞
责任校对：赵　颖

全国建设行业职业教育任务引领型规划教材
房地产营销操作实务
（房地产类专业适用）
主编　华　梅　蒋　英
主审　彭后生　韩　强

*

中国建筑工业出版社出版、发行（北京西郊百万庄）
各地新华书店、建筑书店经销
北京红光制版公司制版
廊坊市海涛印刷有限公司印刷

*

开本：787×1092毫米　1/16　印张：12　字数：300千字
2010年8月第一版　2015年9月第二次印刷
定价：22.00元
ISBN 978-7-112-12230-1
（19482）

版权所有　翻印必究
如有印装质量问题，可寄本社退换
（邮政编码100037）

教材编审委员会名单

主　任：温小明
副主任：张怡朋　游建宁
秘　书：何汉强
委　员：（按姓氏笔画排序）

　　　　王立霞　刘　力　刘　胜　刘景辉

　　　　苏铁岳　邵怀宇　张　鸣　张翠菊

　　　　周建华　黄晨光　彭后生

序 言

根据国务院《关于大力发展职业教育的决定》精神，结合职业教育形势的发展变化，2006年底，建设部第四届建筑与房地产经济专业指导委员会在工程造价、房地产经营与管理、物业管理三个专业中开始新一轮的整体教学改革。

本次整体教学改革从职业教育"技能型、应用型"人才培养目标出发，调整了专业培养目标和专业岗位群；以岗位职业工作分析为基础，以综合职业能力培养为引领，构建了由"职业素养"、"职业基础"、"职业工作"、"职业实践"和"职业拓展"五个模块构成的培养方案，开发出具有职教特色的专业课程。

专业指导委员会组织了相关委员学校的教研力量，根据调整后的专业培养目标定位对上述三个专业传统的教学内容进行了重新的审视，删减了部分理论性过强的教学内容，补充了大量的工作过程知识，把教学内容以"工作过程"为主线进行整合、重组，开发出一批"任务型"的教学项目，制定了课程标准，并通过主编工作会议，确定了教材编写大纲。

"任务引领型"教材与职业工作紧密结合，体现职业教育"工作过程系统化"课程的基本特征和"学习的内容是工作，在工作中实现学习"的教学内容、教学模式改革的基本思路，符合"技能型、应用型"人才培养规律和职业教育特点，适应目前职业院校学生的学习基础，值得向有关职业院校推荐使用。

建设部第四届建筑与房地产经济专业指导委员会

前　言

本书是一本职业院校房地产类专业教材。在编写模式上，打破了过去依据学科体系编排的思路，采用任务引领型的编写模式，即以任务目的作为引导，以预先设定的任务背景为依托，将房地产营销实务的各项技能要求设定为一项具体任务，根据完成任务的工作过程组织教材内容。

本着"理论够用、技能为重"的原则，本书在简要介绍房地产营销代理相关知识的基础上，力图通过任务过程的学习，引导学生掌握从事新房销售工作的基本技能。全书共设有四项工作任务，分别为：学习准备知识、参与房地产市场调查、领会房地产项目策划意图、房地产销售。

本书主要以常州市现行的新房销售操作流程、政策规定、税费标准等为基础进行编写，其他地区的读者在使用本书时，可结合当地、当时的实际情况，执行当地的相关规定。

本书由江苏省常州建设高等职业技术学校（江苏联合职业技术学院常州建设分院）华梅副教授担任主编。任务1、2由蒋英编写，任务3、4由华梅编写。江苏省常州市建设高等职业技术学校（江苏省联合职业技术学院常州市建设分院）彭后生副教授、常州易美伽地产咨询有限公司韩强副总经理审阅了全书并提出了宝贵意见，在此致以衷心的感谢。此外，在本书编写过程中得到上海市房地产学校（上海大学房地产学院）周建华科长、广州市土地房产管理学校彭玉蓉科长大力支持，在此一并致谢。

本书采用任务引领型编写模式，作为一种尝试，书中难免会有错漏之处，恳请读者予以批评指正。

目录 CONTENTS

任务1　学习准备知识 ·· 1
　过程1.1　认识房地产营销代理 ·································· 1
　过程1.2　认识房地产营销代理公司 ······························ 4
　　1.2.1　了解什么是房地产营销代理公司 ······················· 4
　　1.2.2　了解房地产营销代理公司的基本架构 ··················· 4
　　1.2.3　了解房地产营销代理公司的业务范围 ··················· 5
　过程1.3　了解成立房地产营销代理公司 ·························· 6
　　1.3.1　了解房地产营销代理公司申请成立的程序 ··············· 6
　　1.3.2　了解房地产营销代理公司的备案 ······················· 6
　过程1.4　了解代理业务洽谈委托 ································ 7
　　1.4.1　了解代理业务的寻求步骤 ····························· 7
　　1.4.2　了解代理项目的初步调查 ····························· 9
　　1.4.3　了解代理业务的委托洽谈 ····························· 9
　　※1.4.4　了解代理业务的合同签订 ··························· 10
　过程1.5　参加置业顾问入职培训 ································ 13

任务2　参与房地产市场调查 ···································· 17
　过程2.1　房地产市场调查准备 ·································· 18
　　2.1.1　学习房地产市场调查基础知识 ························· 18
　　2.1.2　学习撰写房地产市场调查计划书 ······················· 23
　※过程2.2　了解市场环境调查 ·································· 29
　　2.2.1　了解项目所在区域经济环境调查 ······················· 29

  2.2.2 了解项目所在区域房地产市场调查 ············· 31
过程2.3 调查房地产消费者市场 ······························· 36
  2.3.1 了解房地产消费者市场调查的内容 ············· 36
  2.3.2 学习房地产消费者市场调查的重要方法——问卷调查法 ··· 37
  2.3.3 实施房地产消费者市场问卷调查 ················· 38
  2.3.4 分析房地产消费者市场问卷调查资料 ··········· 44
过程2.4 调查竞争楼盘 ·· 46
  2.4.1 了解竞争楼盘调查的内容 ·························· 46
  2.4.2 调查0608地块项目的竞争楼盘的过程和结论 ··· 46
过程2.5 调查分析项目自身条件 ······························· 52
  2.5.1 了解项目自身条件分析的内容 ····················· 53
  2.5.2 调查分析0608地块项目自身条件 ·················· 54
  2.5.3 给出项目初步建议 ··································· 56
过程2.6 整理与分析调查资料 ··································· 57
  2.6.1 整理房地产市场调查资料 ·························· 57
  2.6.2 分析房地产市场调查资料 ·························· 58
过程2.7 学习撰写调查报告 ······································ 58
  2.7.1 学习撰写书面报告 ··································· 58
  2.7.2 进行口头报告 ··· 59

任务3 领会房地产项目策划意图 ··································· 62
过程3.1 理解房地产项目定位 ··································· 63
  3.1.1 学习房地产项目定位知识 ·························· 63
  3.1.2 熟悉公园壹号项目的客源定位 ····················· 66
  3.1.3 理解公园壹号项目的产品定位 ····················· 67
过程3.2 知晓房地产项目营销策略 ···························· 69
  3.2.1 学习房地产营销组合策略知识 ····················· 70
  3.2.2 知晓公园壹号项目的价格策略 ····················· 73
  3.2.3 知晓公园壹号项目推广时机策略 ·················· 75
  3.2.4 知晓公园壹号项目媒体推广策略 ·················· 76

任务4 房地产销售 ·· 78
过程4.1 房地产销售准备 ··· 79
  4.1.1 了解项目整体销售计划 ····························· 79
  4.1.2 销售文件及道具的准备 ····························· 88
  4.1.3 销售现场的准备 ····································· 91
  4.1.4 销售人员的准备 ····································· 96
过程4.2 接待客户 ·· 101

    4.2.1 积累客户 …………………………………………… 104
    4.2.2 迎接客户 …………………………………………… 108
    4.2.3 推介楼盘 …………………………………………… 109
    4.2.4 客户需求判断 ……………………………………… 122
    4.2.5 深入洽谈 …………………………………………… 126
  过程4.3 客户追踪 …………………………………………… 134
    4.3.1 客户追踪的准备 …………………………………… 134
    4.3.2 电话追踪 …………………………………………… 136
  过程4.4 成交签约 …………………………………………… 138
    4.4.1 解释房价计算并制定客户置业计划 ……………… 138
    4.4.2 促使成交 …………………………………………… 141
    4.4.3 成交收定 …………………………………………… 143
    4.4.4 签订合同 …………………………………………… 146
  过程4.5 协助办理交付 ……………………………………… 156
    4.5.1 办理入住 …………………………………………… 156
    4.5.2 代办产权 …………………………………………… 159
  过程4.6 客户资源管理 ……………………………………… 160
    4.6.1 客户资源管理 ……………………………………… 160
    4.6.2 CRM软件系统简介 ………………………………… 163

附录A 《中华人民共和国城市房地产管理法》 ……………………… 167
附录B 《商品房销售管理办法》 ……………………………………… 176
参考文献 ………………………………………………………………… 183

任务 1

学习准备知识

【任务目标】
(1) 能阐述房地产营销代理的基本内涵。
(2) 了解成立房地产营销代理公司的条件和流程。
(3) 能通过多种渠道搜集相关信息，寻找代理项目。
(4) 了解如何对委托权利主体进行审查。
(5) 会对拟代理项目进行初步调查。
(6) 了解委托合同的签订。
(7) 知晓房地产销售常用基础知识。

【任务背景】
陈婷婷是一名职业学校房地产经营与估价专业的学生，即将到企业进行最后的毕业综合实践。在学校举办的就业招聘会上，经过面试，她成功地被常州日昇房地产营销代理有限公司选中实习，主要从事房地产市场调查、房地产销售工作。

为了对今后要面对的房地产营销代理工作和房地产营销代理公司有较清晰的认识，陈婷婷通过查阅相关资料、向专业人士请教等途径，对房地产营销代理、房地产营销代理公司的基本情况进行了详细了解，以下是她了解到的情况。

过程1.1 认识房地产营销代理

房地产市场营销，是通过房地产市场交换，满足现实的或潜在的房地产需求的综合性的经营销售活动过程。这些活动包括房地产市场调查、项目定位、营销策略、产品销售等内容。

房地产市场营销是房地产企业经营活动的主线。在整个市场营销流程中，重要和关键问题一般由房地产开发经营企业自行决策和实施，而将房地产营销一些具体活动委托房地产经纪机构代理完成，目前主要是房地产市场调查、营销策划和销售代理，这就是房地产营销代理。

项目策划与销售阶段的工作内容包括房地产市场调查、项目定位、项目市场推广和项目销售。项目市场调查是项目营销策划、销售代理的基础工作，通过对调查资料的收集、整理和分析，为项目决策提供依据。在项目定位中，房地产经纪人需要进行市场细分、目标客户选择、市场定位。市场推广阶段的工作主要是制定项目的营销策略，包括价格的调整、选择推广时机、制定媒体推广方案。在项目销售过程中，房地产经纪人应制定销售方案、细化销售流程、控制销售过程。

陈婷婷通过对相关资料的查阅，总结得出：房地产营销代理是房地产经纪的一种主要形式，具体从事新房销售代理的销售人员其实质就是一名房地产经纪人。那么，什么是房地产经纪？什么是房地产经纪人？

【相关链接】

房地产经纪和房地产经纪人

1. 了解房地产经纪

（1）了解房地产经纪的定义

房地产经纪是商品经济发展到一定阶段而出现的促成房地产商品交易的一种中介服务活动，可以提高交易效率、降低交易成本，是一种有偿的经济活动。房地产经济的完整定义可以表述为：是指房地产经纪人员和房地产经纪机构为促成委托人与第三方进行房地产交易而提供居间或代理等专业服务，并收取佣金的行为。

（2）了解房地产经纪的活动方式

按服务方式，房地产经纪可以分为房地产居间和房地产代理两大类。

1）房地产居间

房地产居间是指向委托人报告订立房地产交易合同的机会或者提供订立房地产交易合同的媒介服务，并向委托人收取佣金的行为。

房地产居间的特点是：服务对象广泛，但服务的程度较浅，经纪人与委托人之间缺乏长期固定的合作关系。

2）房地产代理

房地产代理是指以委托人的名义，在委托协议约定的范围内，代表委托人与第三人进行房地产交易，并向委托人收取佣金的行为。其中，商品房销售代理是目前房地产代理活动的主要类型，一般由房地产经纪机构接受房地产开发商委托，负责商品房的市场推广和具体销售工作。房地产代理的特点是：经纪人或经纪机构与委托人之间有较长期稳定的合作关系，经纪人或经纪机构只能以委托人的名义开展活动，不承担活动中产生的责任，且只收取委托人的佣金。

2. 了解房地产经纪人

（1）了解房地产经纪人的定义

我国对房地产经纪人员实行职业资格制度。根据可从事的房地产经纪业务范围的不同，房地产经纪人员职业资格分为房地产经纪人执业资格和房地产经纪人员协理从业资格两种。

1）房地产经纪人是指经过全国房地产经纪人执业资格考试合格或者资格互认，取得中华人民共和国房地产经纪人执业资格，并按照有关规定注册，取得中华人民共和国房地产经纪人注册证书，从事房地产经纪活动的专业人员。

房地产经纪人有权依法发起设立或加入房地产经纪机构，承担房地产经纪机构关键岗位的工作，指导房地产经纪人协理执行各种房地产经纪业务，经所在房地产经纪机构授权与客户订立房地产经纪合同等重要业务文书，执行房地产经纪业务并获得合理报酬。房地产经纪人可以在全国范围内执业。

2）房地产经纪人协理是指通过房地产经纪人协理从业资格考试或者资格互认，取得中华人民共和国房地产经纪人协理从业资格，并按照有关规定注册，取得中华人民共和国房地产经纪人协理注册证书，在房地产经纪人的指导和监督下，从事房地产经纪具体活动的协助执行人员。房地产经纪人协理只能在注册地所在的行政区域内从业。

（2）了解房地产经纪人的收入来源

房地产经纪人的经济收入来源于交易佣金，其性质是劳动收入、经营收入和风险收入的综合体，它是对经纪机构和经纪人开展经纪活动时付出的劳动、支付的成本和承担的风险的总回报。

经纪人的佣金可以分为法定佣金和自由佣金两种：

1）法定佣金，是指经纪人从事特定经纪业务时按照有关部门对特定经纪业务规定的佣金标准获得的佣金。法定佣金具有强制性，当事人各方都必须接受，不得高于或低于该标准。

2）自由佣金，是指经纪人与委托人协商确定的佣金，自由佣金一经确定并写入合同后也具有同样的法律效力，违约者必须承担违约责任。

（3）了解房地产经纪人员的权利和义务

1）房地产经纪人的权利

①依法发起设立房地产经纪机构；

②加入房地产经纪机构，承担房地产经纪机构关键岗位；

③指导房地产经纪人协理进行各种经纪业务；

④经所在机构授权订立房地产经纪合同等重要文件；

⑤要求委托人提供与交易有关的资料；

⑥有权拒绝执行委托人发出的违法指令；

⑦执行房地产经纪业务并获得合理报酬。

2）房地产经纪人协理享有的权利
①房地产经纪人协理有权加入房地产经纪机构；
②协助房地产经纪人处理经纪有关事务并获得合理的报酬。
3）房地产经纪人员的义务
房地产经纪人、房地产经纪人协理应当履行以下义务：
①遵守法律 、法规、行业管理规定和职业道德；
②不得同时受聘于两个或两个以上房地产经纪机构执行业务；
③向委托人披露相关信息，充分保障委托人的权益，完成委托业务；
④为委托人保守商业秘密；
⑤接受国务院建设行政主管部门和当地地方政府房地产行政主管部门的监督检查；
⑥接受职业继续教育，不断提高业务水平。

过程 1.2　认识房地产营销代理公司

陈婷婷前往常州日昇房地产营销代理有限公司报到后，首先对自己的实习单位——常州日昇房地产营销代理有限公司进行了整体认知。她了解到：房地产营销代理公司是随着房地产的发展、房地产产业市场的细分和开发商走专业化和规模化道路的需要而产生的。房地产营销代理公司的组建和其他企业一样，必须符合工商行政管理、房地产主管等部门的有关规定，获得批准才能成立。

1.2.1　了解什么是房地产营销代理公司
房地产销售代理是指房地产开发企业或其他房地产拥有者将物业销售业务委托专门的房地产中介服务机构代为销售的一种经营方式。
而房地产营销代理公司就是专业从事房地产投资咨询、营销策划、销售代理等业务的公司。

1.2.2　了解房地产营销代理公司的基本架构
陈婷婷了解到：根据营销代理公司的主营业务，常州日昇房地产营销代理有限公司主要设置了研展部、企划部、销售部、管理部四大部门，其组织机构设置如图1-1所示。
这四大部门的职责分别为：
（1）研展部：负责市场调查分析与研究、产品定位、产品研究、可行性报告撰写与论证；
（2）企划部：负责项目的广告、企划、营销推广；
（3）销售部：销售第一线，负责项目的现场执行；

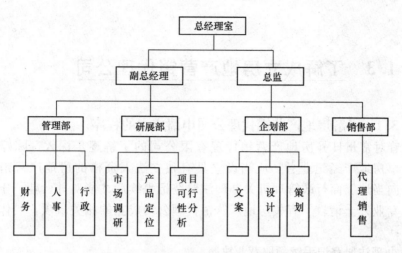

图 1-1 常州日昇房地产营销代理有限公司的基本架构图

(4) 管理部：企业运作的规矩方圆。

1.2.3 了解房地产营销代理公司的业务范围

在知晓公司性质、组织架构的基础上，陈婷婷还了解到：常州日昇房地产营销代理有限公司的业务范围主要包括以下四方面：

(1) 市场调查；
(2) 项目定位；
(3) 营销策划；
(4) 销售代理。

公司具体业务流程及业务范围如表 1-1 所示。

常州日昇房地产营销代理有限公司业务流程及业务范围一览表　　表 1-1

序号	作业流程	主要负责部门	业务范围
1	项目地块评估	研展部	市场背景研究、周边环境及配套研究、地块可行性研究分析
2	项目调查与定位	研展部	市场深入研究、客源调查研究、SWOT分析、市场定位、产品定位、整体推盘计划
3	产品研究	企划部	产品主题、建筑风格、景观建议、户型建议、相关配套设定、设计任务书
4	企划包装	企划部	广告宣传策划、命名建议、推广策略、推广预算
5	业务案前	业务部	案前作业进度安排、案前市场调查、销讲资料、销售流程设计、媒体策略及确定、整体销售策略、整体价格策略、促销活动建议、人员培训
5	业务案前	研展部	市场营销分析、竞争个案深入跟踪分析、销售中心及样板房设计建议
6	销售阶段	企划部	媒体回馈分析、广告设计、媒体策略调整
6	销售阶段	业务部	分阶段销售策略、分阶段价格策略、促销活动建议及执行、现场销售作业及控制、配合签约完成、媒体分析、客源分析
6	销售阶段	研展部	项目月报、相关市场追踪、市场背景关注
7	项目结案	业务部	配合交房、结案报告、客户资料移交

过程1.3　了解成立房地产营销代理公司

1.3.1　了解房地产营销代理公司申请成立的程序

随着对常州日昇房地产营销代理有限公司的了解逐步深入，陈婷婷了解到：从事房地产经纪业务，应当设立具有独立法人资格的房地产营销代理公司，并向当地工商行政管理机关办理注册登记手续后才能对外营业。于是，她向公司专业人士请教了有关房地产营销代理公司成立的相关事项，具体成立流程包括：

1. 办理注册登记手续领取营业执照

（1）企业名称核准

企业名称在企业申请登记时，由企业名称的登记主管部门——当地工商行政管理机关进行核定。企业名称应具有房地产经纪行业特征，且须经核准登记注册后方可使用，在规定的范围内享有专用权。

企业申请名称核准时，需向当地工商行政管理机关提交以下申报材料：

1）全体投资人签署的企业名称预先核准申请书；
2）全体投资人签署的指定代表或者委托代理人的证明；
3）出资协议书；
4）代表或者代理人的资格证明；
5）全体投资人的资格证明；
6）可行性研究报告和项目建议书及其批复（限外商投资企业提供）；
7）法律、行政法规规定应提交的其他文件、证件。

（2）制定公司章程。

（3）开立公司验资账户、办理验资报告。

（4）注册公司，领取营业执照。

2. 办理企业组织机构代码证

凭营业执照到国家技术监督局办理组织机构代码证。

3. 开立银行基本账户

凭营业执照、组织机构代码证，去银行开立公司基本账号。

4. 办理税务登记

1.3.2　了解房地产营销代理公司的备案

根据原建设部颁布的《城市房地产中介服务管理规定》，陈婷婷得知新设立的房地产营销代理公司实施备案制度。房地产营销代理公司应自取得营业执照之日起30日内到当地房地产主管部门办理备案手续，由当地房地产主管部门审核后颁发《常州市房地产经纪机构备案证书》（以下简称《备案证书》）。对于符合备案条件的，当地房地产主管部门自受理之日起 20 个工作日内完成《备案证书》的颁发工作。

1. 申请办理备案应符合的条件

（1）依法取得工商营业执照；

（2）有自己的组织机构和固定的经营场所；

（3）有三名以上注册房地产经纪人；

（4）从事二手房居间、代理应有不少于 30 万元人民币的注册资本；从事楼盘营销代理应有不少于 300 万元人民币的注册资本；

（5）机构的主要负责人一般应当由注册房地产经纪人担任，业务员必须是注册房地产经纪人。

2. 申请办理备案手续应提交的材料

（1）房地产经纪机构备案申请表；

（2）工商部门颁发的营业执照复印件；

（3）组织机构代码证复印件；

（4）税务登记证复印件；

（5）注册资本证明（验资报告）；

（6）固定经营场所证明（产权证或租赁合同复印件）；

（7）机构的组织章程及主要的内部管理制度；

（8）选举法定代表人的会议决议；

（9）经理及部门经理的任职文件；

（10）注册房地产经纪人注册证复印件；

（11）机构员工花名册及身份证复印件；

（12）行业主管部门要求填报的其他材料。

过程 1.4　了解代理业务洽谈委托

房地产营销代理公司要想做好营销代理工作、取得良好业绩，首先得主动寻求代理业务，取得项目营销代理权。以下是陈婷婷就代理业务的洽谈委托环节所了解的情况。

1.4.1　了解代理业务的寻求步骤

1. 收集信息

常州日昇房地产营销代理有限公司为寻找代理业务，先制定了计划，并充分利用各种关系收集了有关代理业务的线索或信息。公司通过中国土地市场网、江苏土地市场网、常州市国土局网等网站了解到近期常州市土地交易情况，如表 1-2 所示。

常州市土地交易情况一览表　　　　表1-2

序号	地块名称（位置）	出让面积（m²）	规划用途	容积率	交易方式（日期）	底价（万元）	成交价（万元）	竞得人
1	0901地块 市中心青果巷	58870	商住	3.5/2.8	挂牌（2006年10月8日）	45700	49000	常州嘉盛房地产开发有限公司
2	0201地块 常澄路拆迁安置小区	146200	商住	2.17	招标（2006年10月8日）	1500	2708	常州宏新房地产开发有限公司
3	0202地块 清凉路东侧	36090	住宅	1.8	挂牌（2006年10月20日）	2700	2700	常州新城房产开发公司
4	0608钟楼开发区A地块	101100	商住	2.5	挂牌（2006年10月25日）	12400	12400	常州常润房地产开发有限公司

【相关链接】

寻找代理业务的渠道和方法

（1）通过广泛、良好的人际关系，紧紧抓住地块信息的第一来源，第一时间得知地块拍卖信息和竞拍情况。

包括：政府相关部门（尤其是国土局）、开发商、设计院、景观设计公司、广告公司、模型公司、相关专业网站、拍卖公司、拍卖现场；

（2）地毯式拜访：包括电话拜访、上门拜访、信函拜访等；

（3）客户、朋友介绍联系；

（4）向服务过的客户寻求继续合作的机会；

（5）等待客户主动联系业务。

2. 筛选

常州日昇营销代理公司对以上收集到的信息资料进行了筛选，分别对开发商、项目两方面进行了初步考察，结合本公司自身规模和实力，初步选择出需要代理服务的开发商名单——常州常润房地产开发有限公司。

（1）开发商评估：开发商的实力、开发商的信誉、是否下设营销部门、是否有寻求代理商的意向、接洽代理公司数量等；

（2）项目评估：地块综合评价、产品规划、市场风险等。

3. 了解开发商的基本情况

常州日昇营销代理公司深入了解开发商的基本情况、目前销售情况、开发商有无寻求代理服务的意向或打算采取何种方式寻求代理服务、开发项目的市场前景预测、竞争项目的情况、开发商的经验、资金状况及专业技术水平。

常州日昇营销代理公司了解到0608地块的竞得者——常州常润房地产开发有限公司的基本情况如下：

常州常润房地产开发有限公司，注册资本 8000 万元，是一家具备国家二级开发资质、专业从事房地产投资与开发、具有独立法人资格的企业。

0608 地块将是常州常润房地产开发有限公司在常州的首例开发项目，该地块位于常州城西最具发展潜力生活区中心区域，地形方正。北临星湖大道，南临星园路，东临茶花路，西临五星路。东侧紧靠 38 万 m^2 的常州最大的生态公园——星湖公园，地理位置极其优越。总建筑面积可达 25.28 万 m^2，总投资约 6 亿元。

该公司始终秉承"利用优质团队、凭借专业管理、融入先进理念、开发优质地产、造福社会百姓"的地产开发理念，致力于为广大消费者提供满意、优质、温馨的理想居住场所。

1.4.2　了解代理项目的初步调查

为能顺利取得 0608 地块项目的全程营销代理权、帮助指导开发商对地块作出初步定位、投资决策，常州日昇房地产营销代理有限公司对 0608 地块进行了初步调查。以下是陈婷婷了解到的公司对 0608 地块所作的调查内容：

1. 房地产市场环境调查分析

重点调查：地区的政治法律环境、经济环境、社会文化环境、自然环境等，由此总结出目前项目所在地区房地产市场发展的大环境。

2. 区域内在售项目调查分析

重点调查：区域内可能的竞争项目，包括目前在售的、在建的项目，调查内容主要包括：这些楼盘的供应量、产品设计、销售价格、营销活动等。通过对这些楼盘的总结，挑选出其中能够代表本区域的典型项目，对区域市场的特征进行总结分析，尤其是通过对新楼盘的分析，总结和预测区域市场的未来走势。

3. 目标消费者需求调查分析

主要针对目标消费者对产品的需求进行了调查，主要包括：需求动机、需求影响因素、购买行为、购买偏好等，如户型、建筑风格、景观、装修标准的偏好，这些研究将有助于开发商开发出适销对路的产品。

1.4.3　了解代理业务的委托洽谈

常州日昇房地产营销代理有限公司与选中的目标客户——常州常润房地产开发有限公司进行意向性的接触，洽谈有关委托代理事项，并对以下内容进行审查：

1. 审查委托人

主要是查验开发商的营业执照，看其是否具有法人资格。

2. 审查委托人的经济能力和经营范围

（1）自有资金的数量及注册资金的数量；
（2）有职称的各类专业技术人员的数量；
（3）从事房地产开发的年限；
（4）累计竣工的房屋建筑面积和房地产开发投资总额；
（5）工程质量的合格率和优良率。

对于实力差、信誉低、经营状况不良的开发商，房地产营销代理有限公司在接受其委托前应慎重考虑。

【备注】

如果只承接代理销售业务，那么房地产营销代理公司在与目标客户进行委托洽谈时，应对以下内容进行审查：

1. 审查委托的标的物

房地产营销代理有限公司应从以下几个方面审核开发商是否具有商品房预售的条件：

（1）是否已支付全部土地出让金，取得土地使用权证书；

（2）是否已办妥建设项目的投资立项、规划和施工的审批工作，取得《建筑工程规划许可证》和《施工许可证》；

（3）除付清地价款外，投入开发建设的资金是否已达到工程预算投资总额的 25%；

（4）是否已在当地注册银行开立代售房屋预售款的账户，并与金融机构签订预售款监管协议；

（5）土地使用权是否作为抵押或已解除抵押关系；

（6）是否已制定商品房预售方案，该方案应当包括商品房的位置、建筑面积、交付使用日期、交付使用后的物业管理等内容，并应附有建设用地平面图。

2. 审查《商品房预售许可证》

房地产营销代理有限公司在代理商品房预售业务时，应该查验开发商的《开发商预售许可证》。

※ 1.4.4　了解代理业务的合同签订

常州日昇房地产营销代理有限公司与常州常润房地产开发有限公司在明确各自的权利、义务的基础上，签订了《全程策划推广及销售代理合同》。

【婷婷文件夹】

全程策划推广及销售代理合同

甲方：　__常州常润房地产开发有限公司__　（以下简称甲方）

乙方：　__常州日昇房地产营销代理有限公司__　（以下简称乙方）

甲、乙双方在平等、自愿、协商一致的基础上，就 __0608 钟楼开发区 A 地块__ 项目（以下简称"本案"）的全程策划推广及销售代理合作事宜，订立本合同。

第一条：委托标的

　__0608 钟楼开发区 A 地块__　项目（即合同中的"本案"）：系指甲方开发并委托乙方总体策划推广及销售总代理的房地产项目，位于 __星湖公园西侧__ ，占地约 __10.11 万__ m^2，总建筑面积约 __25.28 万__ m^2。

第二条：委托期限

本合同依据本项目实际情况，全程代理服务内容分为项目市场调研和定位、营销策划、销售代理三个阶段。各阶段工作时间表待双方签订合同后，经甲方确认后，确定计划开展工作。

1. 市场调研和定位期限为：自本合同生效之日起 __2__ 个月内。

2. 营销策划期限为：自本合同生效之日起 __4__ 个月内。

3. 销售代理期限为：自本合同生效之日起至本案销售率达到90%（含90%）以上之日，当项目销售达到项目可售面积的90%时，代理期届满，本合同自动终止。

合同期届满，乙方可选择继续履行，或双方另行协商。

第三条：委托内容

乙方按甲方规定的销售范围、数量，提供包括前期市场调研、项目定位、规划设计建议、营销策划、广告推广、销售代理的全方位、全过程服务，主要分为以下四方面内容：

1. 基础研究：市场调研和竞争力分析、地块研究分析及产品定位指向；

2. 营销策划：规划建议及产品研发、项目营销策略及销售策略等；

3. 推广策划及表现服务：项目包装推广策划及执行，促销公关 SP 活动策划配合；

4. 销售代理：销售团队组建培训、销售政策及销售方式策划、配货计划与销控，销售执行、促销公关活动策划等。

第四条：全程营销各阶段成果、提交方式及收费标准

工作板块		工作内容	提交成果方式	收费标准
1. 基础研究		市场调研分析、地块研究分析、市场定位	市场研究报告	人民币3万元，签订本合同时支付
			地块研究及项目定位方案报告	
2. 营销策划	策略研究	全案产品研发策略	项目总体规划建议报告、概念性规划设计建议报告	人民币5万元，提交第一阶段成果或签订本合同后2个月内支付（孰早原则）
		全案营销策略建议	全案营销策略建议	
		全案广告推广策略	全案推广策略、分阶段广告表现手段建议	
	产品研发	产品定位建议	各区域产品研发报告	
		户型设计研究		
3. 市场推广策划及表现执行		推广策略的制定	提交各阶段表现成果	人民币5万元，提交第二部分成果或签订本合同后4个月内支付（孰早原则）
		广告创作表现		
		项目VI设计系统规划		
		销售物料及销售中心展示包装设计		
		外卖场、展销会包装设计		
		促销、公关等营销活动的策划及现场协助		

续表

工作板块	工作内容	提交成果方式	收费标准
4. 销售代理	销售执行		销售率在30%以内时，按实际成交额的1.5%计算；销售率达到30%～60%（含30%）时，按实际成交额的1.8%计算；销售率达到60%（含60%）以上时，按实际成交额的2%计算
	销售战术调整（销售政策调整）和阶段性促销策划		

第五条：甲方权限及责任

1. 甲方有权根据实际情况调整销售价格。

2. 甲方在项目启动时（如推广、销售等阶段）需提供合法有效的相关文件、资料及预售许可证，并积极配合乙方各阶段的工作。

3. 甲方负责提供销售中心的场地、装修装饰与包装，包括售楼处内电脑、复印机、传真机、电话、饮水机等日常办公用品及水、电供应、售楼现场保安、清洁工、销售道具（如沙盘、户型模型等）、看房专车及司机、销售人员职业服装等。

4. 代理过程中发生的广告费、销售资料（含楼书、DM单等）、促销活动费及销售过程中的直接费用（如公关活动费、赞助费、差旅费等），均由甲方自行承担。

5. 甲方有权对乙方全程代理工作进行监督、检查，但不得干预乙方的内部管理。

6. 甲方负责签订认购书、收取房款，办理银行按揭、房产证等，并保留有关购房资料。

7. 甲方负责按照本合同有关条款规定按时向乙方支付费用。

8. 本项目的乙方所有工作成果资料及知识产权均归甲方所有，甲方有权重复使用而不需另付费用给乙方。

9. 甲方与乙方共同制定各阶段（周期）的销售目标，并应给予乙方相应的支持。

第六条：乙方权限及责任

1. 乙方在合同履行过程中，必须严格遵守各项规定，认真履行和组织好项目的策划销售服务，保证全程代理过程中各项商务活动符合国家法律法规规定及甲方要求，因乙方原因造成的甲方损失由乙方赔偿，以全面维护甲方名誉及利益。

2. 乙方负责代理销售范围内的营销及具体实施，包括在甲方委托权限下的市场调研、营销策略、广告策略组建及管理、售楼人员培训及管理、售楼咨询、信息反馈、接待、带客户到现场看楼等事宜。

3. 乙方负责乙方派驻到本项目所有人员（如售楼人员等）的福利及薪酬、激励等。

4. 在保证双方认可的基础销售单价的情况下，乙方可根据市场情况及实际销售进度节奏，可对销售单价及促销政策调整给出建议，经甲方同意后方可执行。

5. 乙方在销售过程中，负责定期（每周一次）向甲方汇报销售情况，反映存在的问题和市场信息反馈。乙方负责甲乙双方资料、文件、提案的按时取送工作；乙方提交的正式书面报告须壹式三份，同时附电子文件一份。

6. 乙方在任何时候都不得泄露甲方的商业机密，更不得外传本项目所有资料。

7. 乙方在合同签订后 5 个工作日内，提供项目各阶段专项工作人员清单，交甲方确认项目组成员后，不得擅自更换专项工作小组成员；如特殊情况确需更换时，须提供符合项目及甲方要求的合格的执行人员，并提前书面通知甲方，并征得甲方书面同意后方可更换人员。

第七条：解决争议的方式

本合同签订后，双方如发生争议，协商不成时，按下列第　1　条方式解决：

1. 提交　常州市　仲裁委员会仲裁；
2. 依法向人民法院起诉。

第八条：其他事项

1. 本合同附件与合同文本正文具有同等法律效力。
2. 本合同经双方法人代表签字盖章后生效。
3. 本合同壹式贰份共　××　页，甲乙双方各执壹份。

甲方：常州××房地产开发有限公司　　乙方：常州××房地产营销代理有限公司

（签章）　　　　　　　　　　　　　　（签章）

法人代表（签章）：张强　　　　　　　法人代表（签章）：袁杨

公司地址：常州市新北区通江大道 395 号　　公司地址：常州市嘉宏大厦 1206 号

联系电话：0519—56668888　　　　　联系电话：0519—86586666

签约日期：2007 年 2 月 28 日　　　　签约日期：2007 年 2 月 28 日

过程 1.5　参加置业顾问入职培训

为使置业顾问基本了解房地产销售所涉及的相关术语，尽快进入工作角色，常州日昇房地产营销代理有限公司对置业顾问进行了入职培训，陈婷婷也参加了此次培训。以下是她此次培训的收获所得。

【婷婷文件夹】

（1）房地产：又称为不动产，是房产和地产的总称，是指土地及附着在土地上的构筑物和建筑物及其附带的各种权利。

（2）生地：指空地、田地、未开垦地等不具有城市基础设施的土地。

（3）毛地：指虽然具有一定的城市基础设施，但地上具有待拆迁安置的旧建筑物的土地。

(4) 熟地：指已经经过"三通一平"或"七通一平"具有完善的城市基础设施，能够直接在其上面进行房屋建造的土地。通常又被称为"净地"。

(5) 三通一平：指在土地开发时进行的通水、通电、通路和土地平整的工作。

(6) 七通一平：指在土地开发时进行的给水、排水、电力、通讯、燃气、热力、道路通、土地平整的工作。

(7) 房地产产权：是指产权人对房屋的所有权和对该房屋所占用土地的使用权，具体内容是指产权人在法律规定范围内对其房地产的占有、使用、收益和处分的权利。

(8) 商品房：指由房地产开发企业开发建设并出售、出租的房屋。

(9) 经济适用住房：是指根据国家经济适用住房建设计划安排建设的住宅。由国家统一下达计划，用地一般实行行政划拨的方式，免收土地出让金，对各种经批准的收费实行减半征收，出售价格实行政府指导价，按保本微利的原则确定。

(10) 现房：是指开发商已办妥房地产权证（大产证）的商品房，消费者在这一阶段购买商品房时应签出售合同。简单说是指项目已经竣工可以入住的房屋。

(11) 期房：指开发商从取得商品房预售许可证开始至取得房地产权证（大产证）止，在这一期间的商品房称为期房，消费者在这一阶段购买商品房应签预售合同。期房在港澳地区称为"楼花"，这是当前房地产开发商普遍采用的一种房屋销售方式。简单说是未修建好、尚不能入住的房子。

(12) 低层建筑：指高度小于10m的建筑，一般为1～3层。

(13) 多层建筑：指高度大于10m，小于24的建筑，一般为4～7层。

(14) 高层建筑：指高度大于24m的建筑。其中8～11层称为小高层；12～18层称为中高层；19层以上称高层。

(15) 容积率：是控制地建筑强度的重要指标，等于地块总建筑面积除以地块面积。

(16) 建筑密度：是控制地空地（绿化、道路、广场等）数量的重要指标，等于地块总建筑基底面积除以地块面积。

(17) 绿地率：是地块所有绿化用地面积与该地总面积之比。绿化用地包括公共绿地（居住区公园、小游园、组团绿地及其他的一些块状、带状化公共绿地）和宅旁绿地等。

(18) 绿化率：指项目规划建设用地范围内的绿化面积与规划建设用地面积之比。对购房者而言，绿化率高为好。

(19) 道路红线：城市道路含居住区级道路用地的规划控制线。

(20) 建筑线：一般称建筑控制线，是建筑物基底位置的控制线。

(21) 板楼：就是东西长、南北短的建筑，在平面图上长度明显大于宽度。楼由许多单元组成，每个单元用自己单独的楼梯、电梯。但从其外观上看不一定都呈"一"字形，也可以是拐角等形状。

(22) 塔楼：主要是指以共用楼梯、电梯为核心，布置多套房屋的高层建筑。通俗地说，塔楼以电梯、楼梯为布局核心，上到楼层之后，向四面走可以直接进入户内。

（23）开间：住宅设计中，住宅的宽度是指一间房屋内一面墙皮到另一面墙皮之间的实际距离。因为就一自然间的宽度而言，故又称开间。住宅开间一般不超过 3.0～3.9m，砖混结构住宅开间一般不超过 3.3m。规定较小的开间尺度，可缩短楼板的空间跨度，增强住宅结构整体性、稳定性和抗震性。开间 5m 以上、进深 7m 以上的大开间住宅可为住户提供一个 40～50m² 甚至更大的居住空间，与同样建筑面积的小开间住宅相比，承重墙减少一半，使用面积增加 2%，便于灵活隔断、装修改造。

（24）进深：在建筑学上指一间独立的房屋或一幢居住建筑从前墙皮到后墙壁之间的实际长度。进深大的住宅可以有效地节约用地，但为了保证建成的住宅可以有良好的自然采光和通风条件，住宅的进深在设计上有一定的要求，不宜过大。目前我国大量城镇住宅房间的进深一般要限定在 5m 左右，不能任意扩大。

（25）层高：指住宅高度以"层"为单位计量，每一层的高度国家在设计上有要求，这个高度就叫层高。它通常包括下层地板面或楼板面到上层楼板面之间的距离。

（26）净高：是指层高减去楼板厚度的净剩值。

（27）标准层：指平面布置相同的住宅楼层。

（28）地下室：指房间地面低于室外地平面的高度超过该房间净高的 1/2 者。

（29）半地下室：指房间地面低于室外地平面的高度超过该房间净高的 1/3，且不超过 1/2 者。

（30）玄关：就是登堂入室第一步所在的位置，它是一个缓冲过渡的地段。居室是家庭的"领地"，讲究一定的秘密性，大门一开，有玄关阻隔，外人对室内就不能一览无余。玄关一般与厅相连，由于功能不同，需调度装饰手段加以分割。就是自己人回家，也要有一块放雨伞、挂雨衣、换鞋、搁包的地方。平时，玄关也是接受邮件、简单会客的场所。

（31）跃层住宅：一套住宅占两个楼层，由内部楼梯联系上下层。一般在首层安排起居、厨房、餐厅、卫生间，最好有一间卧室，二层安排卧室、书房、卫生间等。

（32）复式住宅：在概念是一层，但层高较普通的住宅高，可在局部掏出夹层，安排卧室或书房等，用楼梯联系上下。其目的是在有限的空间里增加使用面积，提高住宅的空间的利用率。

（33）错层住宅：指一户内楼面高度不一致，错开之处有楼梯联系。优点是和跃层一样能动静分区，但因为没有完全分为两层，所以又有复式住宅丰富的空间感。

（34）独立别墅：即独门独院，私密性极强的单体别墅，这一类型是别墅历史最悠久的一种，也是别墅建筑的终极形式。

（35）联排别墅：又称 Townhouse，有天有地，有自己的院子和车库。由三个或三个以上的单元住宅组成，一排 2～4 层联结在一起，每几个单元共用外墙，有统一的平面设计和独立的门户。

（36）双拼别墅：它是联排别墅与独栋别墅之间的中间产品，由两个单元的别墅拼联组成的单栋别墅。

（37）叠加式别墅：它是联排别墅的叠拼式的一种延伸，也有点像复式户型的一种改良，叠加式别墅介于别墅与公寓之间，是由多层的别墅式复式住宅上下叠加在一起组合而成。一般 4～7 层，由每单元 2～3 层的别墅户型上下叠加而成，这种开间与联排别墅相比，独立面造型可丰富一些。

（38）建筑面积：亦称建筑展开面积，它是指住宅建筑外墙外围线测定的各层平面面积之和。它是表示一个建筑物建筑规模大小的经济指标。建筑面积包含了房屋居住的可用面积、墙体及柱体占地面积、楼梯走道面积、其他公摊面积等。凹阳台按其阳台净面积的一半计算建筑面积。

（39）商品房分摊的公用建筑面积：电梯井、楼梯间、垃圾道、变电室、设备室、公共门厅和过道等其功能上为整栋建筑服务的公共设施用房和管理用房之建筑面积，是各单元与楼房公共建筑空间之间的分隔墙以及外墙墙体水平投影面积的 50％。

（40）商品房销售面积：又称住宅面积或住宅建筑面积，是指购房者所购买的套内或单元内的建筑面积与应分摊的公用建筑面积之和。即：商品房销售面积＝套内建筑面积＋分摊的公用建筑面积＝套内使用面积＋套内墙体面积＋分摊的公用建筑面积。

（41）得房率：是套内建筑面积与商品房销售面积之比。

（42）面积误差比＝（产权登记面积－合同约定面积）/合同约定面积×100％

（43）维修基金，又称"公共维修基金"、"专项维修基金"，是指住宅物业的业主为了本物业区域内公共部位和共用设施、设备的维修养护事项而缴纳一定标准的钱款至专项账户，并授权业主委员会统一管理和使用的基金。

入职培训结束后，陈婷婷顺利通过了公司考核，正式成为一位常州日昇房地产营销代理有限公司实习生。销售主管向她表示了祝贺，并告诉她：后面的销售之路还很长，培训环节也很多，希望她认真学习，积极实践，早日成为一名合格的置业顾问。

【任务拓展】

1. 分组了解当地房地产市场和房地产营销代理行业发展状况，收集当地房地产营销代理公司相关信息。

2. 分组实地走访一家房地产营销代理公司，了解其公司概况、机构设置、业务范畴。

任务 2

参与房地产市场调查

【任务目标】

(1) 能阐述房地产市场调查的基本内涵。
(2) 了解房地产市场调查工作方法和工作流程。
(3) 能领会调查任务，确定调查目标，会撰写房地产市场调查计划书。
(4) 会通过多种途径搜集房地产资料、数据。
(5) 会实施现场调查。
(6) 能协助撰写房地产市场调查报告。

【任务背景】

常州日昇房地产营销代理有限公司成功取得了 0608 地块项目的全程营销推广和销售代理权后，公司上下都很高兴，大家精神抖擞准备全力以赴投入工作中。销售主管告诉大家：在房地产市场营销活动中，市场调查是第一个环节。在现代社会，信息已经成为与资金、材料、设备、人力并列的 5 大管理资源之一。市场调查是获取市场信息的重要手段，可以说是营销活动中不可或缺的活动先导。

日昇公司研展部专门成立了 0608 地块项目市调组，并进行了有关房地产市场调查工作的培训指导。令陈婷婷非常高兴地是，她也有幸成为该市调组的一员。于是她正式开始了第一项实习任务：针对 0608 地块项目开展房地产市场调查分析。以下是她在日昇公司研展部实习期间的学习所得。

过程 2.1　房地产市场调查准备

0608 地块项目市调组组长告诉陈婷婷：以前有一句俗话叫做"兵马未动，粮草先行"，应用于房地产行业便成为"项目未动，策划先行"，到了今天，大多数开发商已充分认识到市场调查的重要性，准确地说就是"项目未动，调查先行"。

在越来越激烈的房地产市场竞争中，对项目的定位和把握十分重要，一个成功的项目，前期市场调查必不可少。房地产市场调查有助于房地产企业对项目正确定位、发现新的市场机会、适时开发新产品、制定正确的营销策略并规避风险。于是，陈婷婷下定决心要扎实学好房地产市场调查相关知识，认真完成每一项调查任务。

2.1.1　学习房地产市场调查基础知识
1. 认识房地产市场调查
（1）了解房地产市场调查的定义

房地产市场调查，就是以房地产为特定的商品对象，运用科学的方法，有目的、有计划、系统地收集房地产相关情报资料，通过对相关市场信息进行系统的收集、处理和分析，为预测项目经营状况，制定正确决策提供可靠依据。

通过房地产市场调查，可根据实际工作的需要，系统地收集、分析数据和情报，以帮助解决项目可行性研究、产品规划、项目定位、项目包装、营销推广等问题。所以说，房地产市场调查是项目策划和决策的基础。

在市场调查中，所发现的问题、受到的启发以及有关建议都应在调查报告中提出，以帮助决策部门根据这些信息作出相应的反应。但必须强调指出的是，市场调查的目的是为决策部门提供参考依据，其结果只是用于帮助决策部门作出正确的决策，其结果本身不是目的。

（2）认识房地产市场调查的特点

1）调查内容是广泛的；

2）具有很强的针对性；

3）调查方法是多样的；

4）调查结论具有一定的局限性；

5）调查结果不能直接指示决定。

（3）理解房地产市场调查的原则

1）客观性

要求调查人员具备高度的职业道德，自始至终保持客观的态度去寻求反映事物真实状态的确切信息。从事调查活动时不带有任何个人主观的意愿或偏见，也不应接受任何个人或管理部门的影响或"压力"。

2）科学性

要求采用科学方法，设计方案、定义数据和分析数据，从中提取有效的、相关的、准确的、可靠的、有代表性的当前的信息资料。

3) 道德性

①欺骗行为：指调查人员歪曲调查目的、欺骗赞助商、不履行匿名的承诺、隐瞒调查所需要的时间或引诱调查对象参加调查等行为。

②强迫接受：在不方便的时候强迫接触调查对象，缺少调查前的准备工作而浪费对方的时间。

③侵犯隐私：不是市调中独有的问题，经常出现在其他商业领域，但较难界定"人们的隐私何时受到了侵犯"。如：观察购物者在超市等公共场所的购物行为是否侵犯隐私？询问他人收入及住房的使用情况、未来的购买计划是否侵犯隐私？到目前为止，观察某人的公开行为并不认为是侵犯隐私，在调查中，只要是调查对象愿意提供的信息也不会认为是侵犯隐私，因为他既然接受了调查，就说明他是同意说出这些信息的。

2. 认识房地产市场调查的内容

（1）房地产市场环境调查

1) 政策法律环境调查；
2) 经济环境调查；
3) 社会文化环境调查；
4) 自然环境调查；
5) 技术发展调查。

（2）房地产市场供求关系调查

1) 房地产市场供应情况调查；
2) 房地产市场需求情况调查；
3) 房地产市场供求关系调查。

（3）房地产市场消费者需求调查

1) 房地产消费者市场调查

主要调查房地产消费者的数量及其构成，包括：

①房地产消费者的数量与结构，如地区、年龄、民族特征、性别、文化背景、职业、宗教信仰等；

②房地产消费者的经济来源和经济收入水平；

③房地产消费者的实际支付能力；

④房地产消费者对房地产产品质量、价格服务等方面的要求和意见等。

2) 房地产消费动机调查

主要调查消费者的购买意向、影响消费者购买动机的因素、消费者购买动机的类型等。

3) 房地产消费行为调查

主要调查消费者在实际消费过程中所表现出的购买模式和习惯，包括：

①消费者购买房地产商品的数量及种类；

②消费者对房屋设计、价格、质量及位置的要求；

③消费者对本企业房地产商品的信赖程度和印象;
④房地产商品购买行为的主要决策者和影响者情况等。
(4) 房地产市场营销活动调查
1) 房地产市场竞争情况调查
①对竞争对手的调查
a. 竞争企业的数量、规模、实力状况;
b. 竞争企业的生产能力、技术装备水平和社会信誉;
c. 竞争企业所采用的市场营销策略以及新产品的开发情况;
d. 对房地产企业未来市场竞争情况的分析、预测等。
②对竞争产品的调查
a. 竞争产品的设计、结构、质量、服务状况;
b. 竞争产品的市场定价及反应状况;
c. 竞争产品的市场占有率;
d. 消费者对竞争产品的态度和接受情况等。
2) 房地产价格调查

房地产价格的高低对房地产企业的市场销售和盈利有着直接的影响,积极开展价格调查,对企业进行正确的市场产品定价具有重要的作用。

①影响房地产价格变化的因素,特别是国家价格政策对房地产企业定价的影响;
②房地产市场供求情况的变化趋势;
③房地产商品价格需求弹性和供给弹性的大小;
④开发企业各种不同的价格策略和定价方法对房地产租售量的影响;
⑤国际、国内相关房地产市场的价格;
⑥开发个案所在城市及街区房地产市场价格。
3) 房地产促销调查
①房地产企业促销方式、广告媒介的比较、选择;
②房地产广告的时空分布及广告效果测定;
③房地产广告媒体使用情况的调查;
④房地产商品广告计划和预算的拟订;
⑤房地产广告代理公司的选择;
⑥人员促销的配备状况;
⑦各种营业推广活动的租售绩效。
4) 房地产营销渠道调查

营销渠道执行的功能是将房地产商品从生产者那里转移到消费者手里,应调查:

①房地产营销渠道的选择、控制与调整情况;
②房地产市场营销方式的采用情况、发展趋势及其原因;
③租售代理商的数量、素质及其租售代理的情况;

④房地产租售客户对租售代理商的评价。

3. 了解房地产市场调查的流程

陈婷婷了解到，为使市场调查工作顺利进行，确保调查质量，0608地块项目市调组经讨论研究，决定按照以下流程（图2-1）开展市场调查工作。

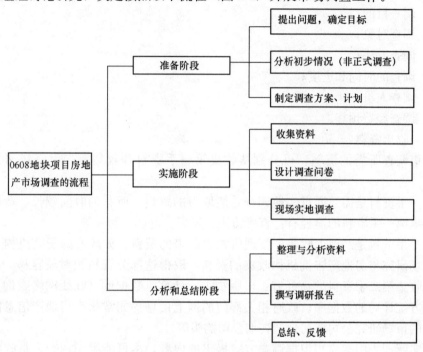

图2-1 房地产市场调查流程图

（1）提出问题，确定调查目的

这是进行市场调查时应首先明确的问题。目的确定以后，市场调查就有了方向，不至于出现太大的过失。如果开始抓的问题就不够准，就使以后一系列市场调查工作成为浪费，造成损失。确定调查目标应弄清以下几个问题：

1）为什么要调查？
2）通过调查想了解哪些内容？
3）谁想知道调查结果？
4）调查结果对企业有什么用？

（2）分析初步情况

目的是了解产生问题的一些原因，可通过研究所搜集到的信息资料、与相关部门负责人访谈、了解市场情况等途径开展。索要企业与项目的背景材料，并通过各种信息渠道（包括上网）进行行业、区域（城市）、企业的信息收集与分析，确定问题及研究的范围，拟订出一套方案。具体可分为四个步骤：

1）研究信息资料；
2）情况分析；
3）预备调查；

4）决定研究范围。
(3) 制定调查计划

调查计划是房地产市场调查的行动纲领，对一些问题作出较详细的安排，主要包括：

1）调查目的；
2）调查对象；
3）调查方法；
4）调查的时间和进度；
5）调查人员；
6）调查经费预算。

(4) 收集资料

收集调查所需的资料，可分别从收集第一手资料和收集第二手资料两方面入手。

第一手资料是需要通过实地调查才能取得的资料。所花的时间较长，费用较多。收集第一手资料的途径有：直接访谈、观察、电话、问卷等。

第二手资料是经他人收集、整理所积累起来的资料，如政府的研究机构或专业的市场研究与房地产咨询机构收集的资料。取得这部分资料相对较容易，花费较少。收集第二手资料的途径有：出版物类、计算机数据库（在线网络查询、国家或地方统计局的数据库、政府相关部门的网上信息等如常州市房地产信息网）、向专业的市场研究公司或房地产咨询公司购买等。

在实际调查中，应当根据调查方案提出的内容，尽可能组织调查人员收集第二手资料。当第二手资料不足以解决问题时，就要获取第一手资料进行补充说明。

【相关链接】

搜集资料的途径和方法

(1) 交易双方当事人；
(2) 促成交易行为的中间商；
(3) 房地产公司公开推出的各种销售或出租广告；
(4) 与行业专业人士进行讨论；
(5) 准交易资料的收集；
(6) 向房地产租售经办人员讨教；
(7) 正式出版物；
(8) 非正式出版物：楼书、海报、客户通信、企业内刊、电子楼书；
(9) 互联网；
(10) 房交会或研讨会；
(11) 宏观经济和人口统计资料；
(12) 政府相关部门的期刊、书籍；

(13) 相关学会、协会的会刊和专业报告；

(14) 专项调查。

(15) 设计调查问卷

在收集第一手资料时，一般需要被调查者填写或回答各种调查问卷或表格。调查问卷的设计既要具有科学性又要具有艺术性，以利于市场调查工作的条理化、规范化。一项房地产市场调查工作至少应设计以下四种表格：

1）当地房地产资源统计表；

2）当地房地产成交统计表；

3）房地产个案调查表；

4）房地产消费者需求调查表。

(16) 现场实地调查

按调查目标，按既定的计划，开展调查工作。实地调查需调查人员直接参与，实地调查工作的好坏，直接影响到调查结果的正确性。为此，首先要对调查人员进行适当的技术和理论训练，其次要加强对调查活动的规划和监控，针对实地调查中出现的问题及时调整和补救。

(17) 整理与分析资料

收集来的资料千差万别，需对调查收集到的资料进行整理、统计和分析。

1）编辑整理。把零碎的、杂乱的、分散的资料加以筛选，去粗取精、去伪存真，以保证资料的系统性、完整性和可靠性。该过程中，要核查调查资料的误差，剔除那些错误的资料；之后，要对资料进行评定，以确保资料的真实与准确。

2）分类编号。把调查资料编入适当的类别并编上号码，以便查找、归档和使用。

3）统计。将已经分类的资料进行统计计算，并制成各种计算表、统计表、统计图。

4）分析。运用调查得出的有用数据和资料进行分析并得出结论。

(18) 撰写调查报告

归纳调查结果并得到结论，提交给委托方决策使用。委托方最后拿到手的就是这样一份报告，所以对此十分关注，将其作为评价研究工作做得好坏的标准。因此，报告必须写得清楚、准确。否则，无论调查多么认真细致，都将前功尽弃。

(19) 后续工作

总结反馈，认真回顾和检查各个阶段的工作，做好总结和反馈，以便今后改进工作方法。

2.1.2 学习撰写房地产市场调查计划书

"凡事预则立，不预则废"。陈婷婷了解到：为确保实现调查目标、获得最佳调查效果，在正式调查之前需进行调查策划，也就是针对不同的调查目的和调查对象，设定合适的目标、对市场调查全部工作进行设计、提出合理安排各类资源的最佳方案。以下是陈婷婷参与撰写 0608 地块项目房地产市场调查计划书的过程：

1. 确定调查内容并细分

经大家讨论研究，0608 地块项目市调组一致确定此次调查的主要内容包括：

（1）调查项目所在区域市场环境

1）调查项目所在区域经济环境；

2）调查项目所在区域房地产市场。

（2）调查房地产消费者市场。

（3）调查竞争楼盘或参考楼盘。

（4）调查分析项目自身条件。

2. 选择调查方法

根据不同的调查目标和调查内容，选择并组合不同的调查方法。进行项目所在区域市场环境调查时，主要采用文献调查法、专家访谈法和实地调查等方法；进行房地产消费者市场调查时，主要采用街头拦截问卷法和报纸公开问卷法等方法；进行竞争楼盘调查时，主要采用现场调查法、深度访谈法、资料收集法、亲身体验法等方法。

【相关链接】

常用的调查方法

（1）按调查对象分：全面普查、重点调查、抽样调查；

（2）按调查形式分：直接调查、间接调查；

（3）按调查性质分：定量调查和定性调查；

（4）按调查方法分

1）访问法：包括问卷调查法、小组座谈法、专家访谈法、电话调查法、邮寄调查法等。

2）观察法：也叫实地调查法，是指调查人员不与被调查者正面接触，而是在旁边观察。

这样被调查者无压力，表现得自然，因此调查效果也较理想。

3）实验法：是指将调查范围缩小到一个比较小的规模上，进行试验后得出一定结果，然后再推断出样本总体可能的结果。

3. 构架调查人员

从调查任务出发，根据调查安排和具体调查内容分工，策划调查人员的架构，使每个调查任务与调查人员形成一一对应关系，这样更有利于调查内容通过人员架构得到完全执行。0608 地块项目市调组拟采用扁平化的管理模式和负责人管理制度。而在整个调查组织中，形成总控制者—小组负责人—调查员的三级梯形管理方式，如图 2-2 所示。

而该市调组中各成员的职责及分工如表 2-1 所示。

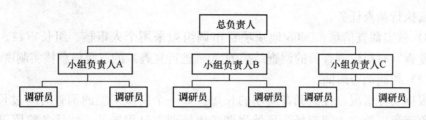

图 2-2　0608 地块项目市调组梯级管理图

4. 设计调查样本

房地产市场调查需以具体的消费者或项目作为调查对象，通常调查的总体规模都很大，要想进行全面调查，不现实或成本太高，在这种情况下，0608 地块项目市调组拟采用抽样调查，从总体中选取调查样本，但同时又必须保证所选取的调查样本能够代表总体水平，确保调查结论的准确性。其具体步骤如下：

（1）界定总体目标

解决的问题是：对谁进行调查。

0608 地块项目市调组人员职责结构图　表 2-1

职位	职责
总负责人	负责与调查委托人、决策者及相关人员沟通
	主持项目调查会
	负责调查队伍构架和人员安排
	负责工作分配和调查培训
	负责调查报告的把关和递交
小组负责人	参与调查项目会议的讨论
	协助项目策划人进行调查设计
	领导小组成员进行调查
	督导监控调查员的调查全程
	负责调查资料的整体及分析
	协助项目策划人进行调查报告的撰写
调查员	负责调查的具体执行
	协助小组负责人整体调查资料
	协助调查组长对调查资料的核实

（2）设计抽样框架

编制抽样单位的清单（简称为抽样框），抽样框可以是被调查楼盘的名录、城市房地产地图、房地产企业联系电话簿、指定区域内家庭用户电话号码册。其作用就是方便抽样。0608 地块项目市调组决定采用《常州市 2006 年房地产地图》为抽样框。

（3）选择样本技术

有多种抽样技术可以选择：

1）概率抽样法（随机抽样法），包括简单随机抽样、分层抽样、整群抽样；

2）非概率抽样法（非随机抽样法），包括方便抽样、判断抽样、配额抽样。

（4）确定适当的调查样本。

5. 策划调查控制的构造

（1）控制调查信息

其目的是提高调查质量，减少各种误差。包括：

1）控制样本数量：为确保调查信息的公正性，防止调查人员依照自己的主观意识选取被调查者，对调查范围和数量加以限定，调查涉及面不能过于宽泛。

2）控制访问过程：掌握调查人员执行调查过程的作业情况，核查调查人员是否认真执行调查任务。

3) 核实调查信息：0608 地块项目市调组拟采用个人审核、组长审核、总控制者复查（对每位调查员的调查结果的 30% 进行复查）的三级信息核实制度。

(2) 控制调查时间

根据实际情况，控制调查周期的长短。如一个新型户型的调查时间过长，其他竞争者可以抢先占领市场。另外强调按市场调查过程展开，估计各阶段可能耗费的时间。0608 地块项目市调组将市场调查各个阶段所需时间比重大致分配如表 2-2 所示。

房地产市场调查各阶段时间分配表　　　　　表 2-2

序号	研究阶段	所占时间比重（%）
1	确定调查目的	5
2	选择调查方法	5
3	拟订调查计划	15
4	设计调查问卷	10
5	实施调查	25
6	整理与分析资料	15
7	撰写调查报告	20
8	总结反馈	5
9	合计	100

(3) 控制调查质量

1) 对于调查过程的质量控制，主要涉及的是调查人员的组织安排和对每次调查内容的质量控制；

2) 对于调查结果的质量控制包括每天调查结果的汇总、审核以及错误率的控制。

(4) 控制调查经费预算

调查经费大致包括以下几项：资料费、专家访谈顾问费、交通费、调查费、报告制作费、统计费、其他费等。同时，为保证问卷的回收量和得到被调查者的配合，往往还要支付一定的礼品费。

6. 设计调查问卷

0608 地块项目市调组经讨论研究，决定设计以下两份调查问卷：

(1) 房地产个案调查问卷设计；

(2) 常州市房地产消费者需求调查问卷设计。

7. 撰写调查计划书

调查计划书是日后正式实施调查任务的具体指导，因此计划书需体现出对整个调查工作过程的内容确定、时间安排和人员分工。从时间上看，调查计划书的编写在具体安排调查任务之前，是整个调查工作中最重要的一项工作。调查计划书的撰写应体现出专业性、可操作性、经济性、效益性、可控性。

调查计划书的内容主要包括调查目标、调查范围、调查方法、时间安排、经费预算、人员安排和实施计划等。

下面是陈婷婷参与撰写的0608地块项目房地产市场调查计划书：

【婷婷文件夹】

<h3 style="text-align:center">0608地块项目房地产市场调查计划书</h3>

一、确定市场调查目的

1. 调查背景

1）常州市0608地块住宅项目；

2）项目未建；

3）开发商首次进入常州房地产市场，对市场状况不太了解；

4）开发商要求营销代理公司前期全程介入。

2. 确定调查目的

1）通过客观深入的市场调查和科学严谨的统计分析，充分了解常州市房地产市场供需空间和价格趋势，确定目标客户群及其对产品和价格的取向，对项目规划提出建设性建议，合理规划本项目地块，明确项目定位，较准确地发挥项目环境条件和经济指标，开发出为市场所接受的产品，实现项目投资效益回报的最大化。

2）通过市场调查，为项目的定位、规划、市场前景、投资风险的调查研究分析提供依据，对后续营销推广策略提供有力支持。

二、确定调查时间和调查组织

1. 调查时间

2007年3月1日～3月15日，共15天。

2. 调查组织

项目组全权负责：（人名略）。

项目报告主撰：（人名略）。

报告策划负责：（人名略）。

调查分工：（人名略）。

调查分析：（人名略）。

三、调查项目所在区域市场环境

1. 确定调查目的

了解常州市房地产政策、经济、文化等的现状及发展变化状况，以期把握经济及房地产行业的发展、变化趋势。

2. 选择调查方法

1）文献调查法：网络文献、经济年鉴、报纸文献、行业统计资料等。

2）专家访谈法：房管、国土、规划等相关部门专家。

3）实地调查法。

3. 确定调查的主要内容

1）近三年的经济发展参数（GDP、居民收入、居民可支配收入、投资状况等）；

2）近三年的房地产发展参数（房地产投资额、竣工面积、销售面积、闲置面积等）；

3）未来两年房地产发展趋势（已批住宅项目数量、面积，在建的住宅项目数量、面积，市政规划，历年房地产价格分析，房地产市场发展趋势总结等）。

四、调查房地产消费者市场

1. 确定调查目的

常州市房地产市场消费者需求调查，其目的是直接了解常州市居民对住宅项目的认知、态度、购买欲望和购买行为的倾向性。

2. 确定调查对象

本地居民及项目周边居民。

3. 选择调查方法

1）街头拦截问卷法。实施调查时采用被调查者自行填写或调查人员口问手写两种形式。

2）报纸公开问卷法。

4. 确定调查内容（主要有14个方面）

常州市居民购房消费状况；已购住宅及未来趋势估计；该项目住宅购买意向；购买住宅动机；住宅的租售方式；住宅价位选择；住宅户型选择；住宅面积选择；住宅的设计要求；小区内部配套要求；小区周边配套要求；建筑风格喜好；物业管理要求；购买信息获得渠道。

5. 对被调查者的要求

1）被调查者年龄比例；

2）被调查者性别比例；

3）被调查者收入比例；

4）被调查者所在区域比例。

五、调查竞争市场

1. 确定调查目的

通过对竞争楼盘市场调查，研究同本项目相类似的房地产项目的特征，为本项目的定位、规划等决策提供依据。

2. 选择调查方法

主要以购买者身份同销售人员（含经理、保安等）接触，广泛了解情况。

1）现场调查法：如配套设计、草坪、围栏、花园、房间数等采用肉眼观察；拍照片记录其风格、色彩、户型等；

2）深度访谈法：含电话访谈、座谈；

3）资料收集法：收集调查对象的售楼书、报纸广告、电视广告、路牌或媒体上发布的新闻等相关资料；

4）亲身体验法：假扮购房者，与销售人员或物管人员谈话，了解价格、建筑面积等。

3. 确定调查内容

1) 调查问题：开发概况、内外环境、销售现状、购买者、户型面积、价位与价格、小区内部配套、小区周边配套、交通状况、物业管理、租售方式；促销手段、目标客户选择决策，市场定位与宣传重点，营销组合策略。

2) 调查核心：以俏滞度（畅销与滞销程度）为核心来对各类问题进行观察、访谈、研究与分析。俏滞度包括出售、销售延续时间、入住率和常住率等。

六、处理调查结果

含问卷审核、编码输入、统计计算、译码制表、定性题归纳综合、结果分析、撰写调查报告。

【任务拓展】

（1）以小组为单位进行分组实训，每组以《常州市 2006 年房地产地图》为抽样框，在该抽样框内选取一个样本楼盘，再在相近地段选取三个相似类型、相似功能的楼盘作为其竞争楼盘；

（2）针对本组所选样本楼盘，拟进行房地产市场调查，讨论确定调查内容，选择调查方法，构建调查小组，合理分工，设计调查方案，撰写《××楼盘调查计划书》。

※过程 2.2　了解市场环境调查

房地产企业的生存发展是以适应房地产市场环境为前提的，对房地产企业来说，市场环境大多是不可控因素，房地产企业的生产与营销活动必须与之相协调和适应，需受到房地产法律环境的约束，受到行业准则的规定和制约，受到社会经济、文化发展的影响。

通过对房地产市场调查基础知识的学习，陈婷婷对房地产市场调查的认知有了提高。她决定按照房地产市场调查的流程，先了解学习 0608 地块项目市场环境调查过程。市场环境调查包括项目所在区域经济环境调查和项目所在区域房地产市场调查两部分。前者主要参考项目所在区域的经济发展、居民收入、产业结构、房地产金融等相关政策；后者主要调查项目所在区域房地产市场整体情况，发现区域内主力产品特征，预测区域市场的未来走势，帮助企业寻找潜在的机会点。

2.2.1　了解项目所在区域经济环境调查

1. 了解项目所在区域经济环境调查的内容

（1）政策法规环境调查

1) 政治形势；

2) 行业政策：产业政策、金融政策、财政政策；

3）城市规划；

4）房地产政策。

(2) 经济环境

1）城市经济特性和经济结构，包括经济发展规模、速度和趋势；

2）国民经济产业结构和主导产业；

3）当地居民收入、消费水平、消费结构。

(3) 社会文化环境调查：人口数量及构成、就业情况。

(4) 自然环境调查

1）地理位置、自然环境条件；

2）配套设施情况。

(5) 房地产市场发展态势

1）城市土地供应量与开发量；

2）房地产市场物业类型供应量；

3）历年房地产价格分析；

4）房地产市场发展趋势总结。

2. 了解经济环境调查执行用表

陈婷婷了解到：为了顺利完成 0608 地块项目经济环境调查任务，0608 地块项目市调组采用了《房地产经济环境调查要素表》（表 2-3）来辅助调查。

房地产经济环境调查要素表　　　　　表 2-3

项目范围	主要内容	调查要素
项目所在城市经济环境调查	城市总体概述	城市地理位置、面积、行政区划
		城市属性（定位）
		城市人口
	城市经济量与增长速度	国内生产总值（GDP）
		固定资产投资 其中：房地产开发
	居民收入、消费水平和结构	当地居民的可支配收入状况
		当地居民消费水平
		当地恩格尔系数
		消费者的购房支出在总消费支出的比重
	产业结构和主导产业	产业结构
		主导产业
		产业政策
	城市规划	项目所在地及项目地块周边的市政规划
		交通规划
	当地房地产总体发展情况	当地房地产总体发展水平
		土地出让供应量与开发量

续表

范围\项目	主要内容	调查要素
项目所在城市经济环境调查	当地房地产总体发展情况	商品房用地面积
		房地产开发总额 其中：商品房建设占比重；住宅投资占比重
		商品房施工面积 其中：住宅施工面积
		商品房竣工面积 其中：住宅竣工面积
		销售预售商品房面积 其中：现房销售；期房销售
		全市商品房销售收入，其中住宅销售收入
		空置面积
		当地房价走势
政策法规调查	行业政策法规	房改政策、房地产开发政策、房地产价格政策、房地产税收政策、土地制度等
	金融政策	房地产金融政策

2.2.2 了解项目所在区域房地产市场调查

1. 了解项目所在区域房地产市场调查的内容

（1）调查区域整体情况

1）调查分析区域市场整体板块；

2）调查区域对商业、工业、住宅等类型物业的吸纳能力；

3）调查区域在推及将推项目；

4）调查分析区域历史文化；

5）调查区域主要公共设施；

6）调查城市规划对区域房地产市场的影响。

（2）调查区域房地产市场

1）统计在推个案总个数；

2）确定价格带

①确定区域最高价格；

②确定区域最低价格；

③确定区域认可价格。

3）确定区域主力产品类型、面积；

4）调查最近新推个案情况；

5）比较区域部分个案；

6）调查区域畅销楼盘

①界定畅销楼盘；

②调查分析畅销楼盘营销特点；

③调查分析畅销原因。

7) 调查区域滞销楼盘

①界定滞销楼盘；

②调查分析滞销楼盘营销特点；

③调查分析滞销原因；

④分析如何避免成为滞销楼盘。

2. 了解0608地块项目所在区域房地产市场调查的过程和结论

(1) 了解0608地块项目区域整体情况调查（略）

(2) 了解0608地块项目区域房地产市场调查

1) 调查项目所在区域房地产市场特征

①从产品层面来看

a. 项目所在区域内的产品形式以小高层、高层为主；在建筑风格上以现代简约大众型风格为主；在产品设计上中规中矩，无特色产品；

b. 项目所在区域内的产品规划以紧凑型户型为主。

②从营销层面来看

a. 项目所在区域内营销方式多渠道拓展，从以前单一的户外看板和报纸推广的模式来看，现在由于区域竞争的激烈，促销、SP活动和DM直邮等多渠道推广方式运用较平常；

b. 开发商越来越注重售楼处的设置，以此加强客源的拓展力度和知名度的推广力度。

③从区域消费特征看

a. 购房者的区域性较强，主力客户群以项目所在区域周边居民为主；

b. 紧凑型户型的市场认可度较高，主要原因是户型设计合理，从而合理控制总价。低总价尤其显现低首付优势；

c. 购房者对于居住环境的关注度较高。

2) 调查项目所在区域的房地产市场竞争情况（表2-4～表2-7）

区域土地供应情况调查表 表2-4

地块名称	出让面积(m^2)	出让亩数	容积率	规划建筑面积(万m^2)	用地性质	地上物状况	底价(万元)	成交价(万元)	上涨幅度(%)	每亩成本(万元)	楼面地价(元)
钟楼行政中心西侧A号	17200	25.8	2.15	36980	商住	净地	2800	2800	0	108.5	757.17
钟楼行政中心西侧B号	25600	38.4	2.15	55040	商住	净地	4600	4600	0	119.8	835.76
钟楼行政中心西侧C号	23900	35.8	2.15	51385	商住	净地	4300	4350	0	121.3	846.55
钟楼行政中心西侧D号	15600	23.4	2.15	33540	商住	净地	2570	2570	0	109.8	766.25
0303钟楼开发区服务中心	8131	12.2	1.03	8374.93	商业	净地	600	600	0	49.22	716.42

【分析】

从表 2-4 可以看出，目前区域成交土地中未开发土地面积约 9 万 m^2，最大总建筑面积约 90 万 m^2。从地块性质看，基本以商住和商业为主；从成交底价涨幅情况来看，基本以底价成交，楼面地价区间基本在 716～847 元/m^2。

区域主力产品形态、户型、价格调查比较表　　　　表 2-5

项目	位置	住宅产品形态	总规模	均价涨幅（元/m^2）	去化率	主力面积（m^2）	推出时间
枫林雅都 2.2 期	钟楼区管委会北侧	小高层、高层	17 万 m^2	2006 年 12 月：3500；2007 年 7 月：3900	30%	两房 70～87m^2 50% 三房 118～132m^2 50%	2007 年 6 月 2 日
鸿意锦苑	钟楼经济开发区工区旁	小高层	5.8 万 m^2	2006 年 12 月：3600；2007 年 7 月：3750	20%	3/2/2 130～136m^2 66%	2007 年 6 月 2 日
御源林城 2.1 期	钟楼区北港星湖公园边	小高层、高层、花园洋房	30 万 m^2	2006 年 12 月：3600；2007 年 7 月：3800	18%	2/2/1 95～100m^2 60.9%	2007 年 5 月 19 日
景瑞曦城	钟楼区区政府对面星湖公园西侧	高层	22.3 万 m^2	—			预计 2007 年 9 月
青枫公馆	钟楼区龙江路与星湖路交汇处	高层	18 万 m^2	—			

【分析】

从表 2-5 可以看出，目前区域周边竞争项目产品形态以小高层、高层为主，主力户型以两房和紧凑型三房为主。从目前区域价格的涨幅来看，从 2006 年年底到 2007 年上半年，主力盘价格涨幅基本在 200～300 元/m^2，上涨幅度在 6%～10% 左右，区域升值潜力看好。但从目前周边竞争楼盘的去化情况来看，销售情况并不理想，主要还是由于受市场淡季和客源断层的影响。

区域产品推广主题和销售卖点调查比较表　　　　表 2-6

案名	推广主题	销售卖点	产品风格	客源分析
枫林雅都	纯翠自然生活	生态公园，便利交通，98 折，小户型	现代	主力客源以钟楼区经济开发区为中心向周边辐射，以及本地居民和企业职工为主
鸿意锦苑	居家的情趣	生态公园，童子河景观带，便利交通，配套设施全	现代	以周边客户为主，有买婚房以及改善居住环境的客户
御源林城	居住和世界同步	生态公园，交通便捷，景观带，配套设施齐全，98 折	现代	主力客户以周边客户为主，有部分投资客，辐射区域较远

续表

案　名	推广主题	销售卖点	产品风格	客　源　分　析
景瑞曦城	森邻生活	生态公园，交通便捷，配套设施全，欧式风格	欧式	以钟楼开发区管委会政府职员、周边投资客和改善居住环境的客户为主
青枫公馆	感悟意大利社会原色	生态公园，便利交通，意大利风格建筑	欧式	以买婚房、改善环境的客户居多

【分析】

从表2-6可以看出，目前区域周边竞争项目推广主题和卖点均与星湖公园紧密相连，双公园卖点均被周边楼盘普遍提出。产品风格上以现代为主，部分楼盘采用了目前常州市流行的欧式风格。从周边竞争项目的成交客源分析上来看，区域项目主力客源基本以周边客源为主，购买目的还是以改善型需求和婚房需求为主。

区域产品价格、去化情况调查比较表　　　　　表2-7

楼盘名称	价格（元/m²）	优惠措施	去化情况	最新动态
枫林雅都	3900	98折	目前2房87m²最畅销	—
鸿意锦苑	3750	98折	目前3房102m²最畅销	—
御源林城	3800	98折	目前2房95m²最畅销	9月将推出2.2期
景瑞曦城	—	—	—	9月开盘
青枫公馆	—	—	—	下半年开盘，时间待定

【分析】

从表2-7可以看出，目前区域周边竞争项目的优惠基本以98折为主，从去化情况来看，两房和紧凑型三房的去化情况较好，两房去化较好的面积在87～95m²，三房去化较好的户型面积在102～110m²。

周边竞争项目通过7、8月份两个淡季的酝酿期，预计9、10月份市场开始放量。

3) 调查项目所在区域的畅销楼盘

由于枫林雅都楼盘是本区域内2007年第一季度销售最好的项目，因此0608地块项目市调组派陈婷婷对该项目做了具体调查（表2-8）。

区域畅销楼盘调查表　　　　　表2-8

楼盘名称	枫林雅都	开发商	××房产开发有限公司
地理位置	钟楼区星湖大道钟楼区政府北侧	总建面积	170000m²
在售面积	117300m²	本批户数	1214户
预售价	3800元/m²	销售率	75%
预售日期	2006年1月6日	交付日期	2009年1月6日

续表

楼盘名称	枫林雅都	开发商	××房产开发有限公司
销售动态	一期于2006年1月6日开盘,推出3幢高层、6幢小高层共998套,目前销售率为75%。二期于2007年6月2日开盘,共推出216户,目前销售率为20%。		
促销优惠	98折优惠		
本期户型	面积(m²)	户数(户)	配比
二房	70.63~93	707	59%
三房	103~132.25	507	41%

陈婷婷还着重对枫林雅都楼盘从已成交客源、不同户型的去化情况两个方面进行了重点调查分析:

①已成交客源调查分析

a. 周边生活区域(勤业、花园、白云)内有购房需求的人群;

b. 项目区域内的企业职工;

c. 项目区域内的政府职员(钟楼开发区管委会);

d. 周边乡镇的原居民和拆迁户。

② 去化情况调查分析见表2-9。

区域畅销楼盘去化情况调查分析表 表2-9

房型	面积(m²)	户数	去化套数	主力客源年龄	置业目的	客户工作
二房	70~93	707	503	25~35	自住为主、部分投资	自住多为工薪阶层,投资者多为政府职员及外区域的高收入人群
三房	103~133	507	290	35~55	自住为主	周边区域内的私营业主、退休人员

通过以上对0608地块项目所在区域所进行的房地产市场调查,该项目市调组归纳、总结得出以下结论,而陈婷婷也被要求必须知晓以下结论:

【结论】

(1) 区域产品规模以20万~25万m²为主;

(2) 区域产品类型以高层和小高层为主;

(3) 区域产品的主力面积以90~100m²二房和120~130m²三房为主;

(4) 区域产品主力单价集中在3800元/m²左右;

(5) 区域产品主力总价集中在35万~50万元之间;

(6) 区域产品的主力客源主要由周边区域内的拆迁户和改善居住环境的购房者组成;

(7) 区域内楼盘总体去化较为平稳,未来区域竞争激烈;

(8) 区域内房地产市场具有较大的开发潜力和增值空间。

过程 2.3　调查房地产消费者市场

要想开发出适销对路的房地产产品,确定消费者对户型、面积、房价、配套、建筑风格、景观等方面的偏好,就需要进行房地产消费者市场调查,调查消费者需求动机、需求影响因素、购买行为等。这样做不仅有助于锁定潜在消费者,为项目定位做准备,更主要的是能为产品定位和销售推广做好数据佐证。那么,消费者市场调查究竟要调查哪些内容?陈婷婷对此进行了深入了解。

2.3.1　了解房地产消费者市场调查的内容

1. 调查城市消费群体

(1) 调查城市人口分布状况;
(2) 调查城市人均年收入、人均消费水平;
(3) 调查消费者群体商品房消费意识及习惯等特征;
(4) 调查消费者群体构成
1) 家庭结构;
2) 职业结构;
3) 年龄结构;
4) 家庭月收入。

2. 调查消费者群体购买行为

(1) 购房目的;
(2) 面积偏好;
(3) 层数偏好;
(4) 结构偏好;
(5) 户型偏好;
(6) 可接受的房屋总价;
(7) 可接受的房屋单价;
(8) 付款方式偏好;
(9) 可接受的贷款额度。

3. 调查影响消费群体购买决策的因素

(1) 地理位置;
(2) 市政交通便利程度;
(3) 周围配套完备程度;
(4) 距离上班地点的远近程度;
(5) 价格;
(6) 建筑风格及外立面;

(7) 户型；

(8) 绿化；

(9) 物业管理。

2.3.2 学习房地产消费者市场调查的重要方法——问卷调查法

问卷调查法是进行消费者调查的最常用方法。作为调查者与被调查者之间中介物的调查问卷，其设计是否科学合理，将直接影响问卷的回收率，影响资料的真实性、实用性。于是，陈婷婷认真学习了问卷调查法相关知识。

1. 认识调查问卷法的概念

问卷，又称调查表，是调查者根据市场调查的目的和要求，将所需调查的问题具体化，由一系列问题、调查项目、备选答案及说明等组成的，向被调查者收集资料的一种工具。

问卷调查法，简称问卷法，是调查者运用统一设计的调查问卷，由被调查者填写，向被调查者了解市场有关情况，以收集有关资料的方法。

2. 了解调查问卷的格式

一份完整的调查问卷通常包括标题、问卷说明、被调查者基本情况、调查内容、编码、作业证明记载等内容。

(1) 问卷标题

问卷的标题是概括说明调查研究主题，使被调查者对所要回答什么方面的问题有一个大致的了解。确定标题应简明扼要，易于引起被调查者的兴趣。例如"房地产消费者市场调查问卷"、"广告媒体选择调查问卷"等。而不要简单采用"问卷调查"这样的标题，它容易引起被调查者因不必要的怀疑而拒答。

(2) 问卷说明

问卷说明常以简短的书信形式出现，旨在向被调查者说明调查的目的、意义。对自填式问卷还有填表须知、交表时间、地点及其他事项说明等。问卷说明一般放在问卷开头，通过它可以使被调查者了解调查目的，消除顾虑，并按一定的要求填写问卷。

(3) 被调查者基本情况

这是指被调查者的一些主要特征，即背景资料。例如在消费者调查中，消费者的性别、年龄、民族、家庭人口、婚姻状况、文化程度、职业、单位、收入、所在地区等。通过这些项目，便于对调查资料进行统计分组、分析。在实际调查中，列入哪些项目，列入多少项目，应根据调查目的、调查要求而定，并非多多益善。

(4) 调查主题内容

调查的主题内容是调查者所要了解的基本内容，也是调查问卷中最重要的部分。它主要是以提问的形式提供给被调查者，这部分内容设计的好坏直接影响整个调查的价值。主题内容主要包括：对消费者的购买行为进行调查；对消费者的行为动机进行调查；对消费者的消费态度、意见、感觉、偏好等进行调查。

(5) 编码

编码是将问卷中的调查项目变成数字的工作过程,大多数市场调查问卷均需加以编码,以便分类整理,易于进行计算机处理和统计分析。所以,在问卷设计时,应确定每一个调查项目的编号和为相应的编码做准备。通常是在每一个调查项目的最左边按顺序编号。

如:①您的姓名;②您的职业;……。

而在调查项目的最右边,根据每一调查项目允许选择的数目,在其下方划上相应的若干短线,以便编码时填上相应的数字代号。

与此同时,每份问卷还必须编号,即问卷编号。

(6) 作业证明的记载

在调查表的最后,常需附上调查人员的姓名、访问日期、时间等,以明确调查人员完成任务的性质。如有必要,还可写上被调查者的姓名、单位或家庭住址、电话等,以便于审核和进一步追踪调查(应得到被调查者同意才可进行)。

2.3.3 实施房地产消费者市场问卷调查

房地产消费者市场问卷调查一般可采用访谈问卷、街头拦截问卷、入室问卷、报纸公开问卷、网络问卷等多种方式来具体实施。为保证0608地块项目房地产消费者市场调查任务地顺利进行,0608地块项目市调组设计了《常州市住房消费者需求调查问卷》,陈婷婷也加入到此项调查任务中,以下问卷是她采用街头拦截法所调查得到的问卷。

* *

常州市住房消费者需求调查问卷

编号:___012___

尊敬的先生/女士:

您好!

我是常州日昇房地产营销代理有限公司的调查员,现在正在进行一项消费者住房需求与消费方面的情况调查。想就这方面的话题问您几个问题,很希望您能提供此方面的意见。您的回答无所谓对错,只要是您真实的想法,都会对我们有很大的帮助。我们将对您所填资料完全保密。感谢您在百忙之中抽出时间,协助完成这次调查。谢谢!

调查员信息	
姓名:陈婷婷	调查日期:2007年3月8日

一、住房现状(请在正确选项前打"√")

1. 您现在住房的户型是:

A. 一室一厅　　　　　　B. 两室一厅　　　　　　☑C. 二室二厅

D. 三室两厅　　　　　　　　E. 其他_____

2. 您现在住房的面积是:

A. 70m² 以下　　　　　B. 71～90m²　　　　　☑C. 91～120m²

D. 121～140m²　　　　E. 141～160m²　　　　F. 其他_____

3. 您现在住房的来源是:

☑A. 商品房　　　　　　B. 经济适用房　　　　C. 单位福利房

D. 自建　　　　　　　　E. 其他

二、住房需求

4. 您打算在最近_____内买房?

A. 半年　　　　B. 一年　　　　☑C. 两年　　　　D. 更久

5. 您若购房,购买的主要原因是:

A. 拆迁购房　　　　　　　　B. 换房改善生活

C. 为儿女购房　　　　　　　D. 结婚购房

☑E. 添置第二套居所　　　　F. 其他_____

6. 您若购房,打算选什么住房类型?

A. 高层(12层以上)　　　　B. 小高层(7～12层)

☑C. 多层(4～6层)　　　　　D. 独体别墅

E. 其他_____

7. 您若购房,打算选什么户型?

A. 一室一厅一卫　　　　　　B. 二室一厅一卫

C. 二室二厅一卫　　　　　　D. 三室二厅一卫

E. 三室二厅两卫　　　　　　☑F. 四室二厅两卫

G. 其他(如复式、跃层等)

8. 您若购房,您打算买多大面积(建筑面积)?

A. 小套型 30～60m²　　　　B. 中套型 61～80m²

C. 小套型 81～100m²　　　 D. 中大套型 101～130m²

☑E. 大套型 131～150m²　　 F. 151m² 以上

9. 您喜欢哪种建筑风格?

A. 具有现代感,有较强烈的视觉冲击力

☑B. 欧美风格,高贵气派

C. 复古风格,体现传统江南建筑风格

D. 其他风格

E. 无所谓

10. 您在购房时,最关心的问题是:(请按重要程度排列出前3位)

②A. 地段　B. 小区环境　C. 交通　①D. 价格　E. 开发商品牌　③F. 房型

G. 物业管理　H. 社区配套　I. 智能化及安保设施　J. 车位是否充足

11. 您在购房时,希望小区有哪些配套设施?(可多选)

A. 幼儿园　　　　☑B. 便利超市　　　　C. 医疗点

D. 邮局　　　　　　☑E. 银行　　　　　　F. 图书阅览室
G. 健身房　　　　　☑H. 游泳池　　　　　☑I. 儿童乐园
J. 老年活动中心　　K. 干洗店　　　　　　L. 其他

12. 您希望买的住房装修标准如何？
☑A. 全毛坯　　　　B. 提供一般装修　　　C. 精装修

13. 您所能承受的单价是：
A. 3000 元以下　　　　　　　　　　　B. 3000～4000 元
C. 4001～5000 元　　　　　　　　　　D. 5001～6000 元
☑E. 6001～8000 元　　　　　　　　　F. 8000 元～10000
G. 10000 元以上

14. 您所能承受的总价是：
A. 30 万元以下　　　　　　　　　　　B. 30 万～40 万元
C. 40 万～50 万元　　　　　　　　　 D. 50 万～60 万元
☑E. 60 万～80 万元　　　　　　　　　F. 80 万元以上

15. 您能承受的物业管理费用是多少？
A. 0.2～0.5 元/m²·月
☑B. 0.5～0.8 元/m²·月
C. 0.8～1.0 元/m²·月
D. 1.0 元/m²·月以上

三、基本信息

1. 您的性别？　　　A. 男　　　　　　　　☑B. 女

2. 您的年龄是：
A. 25 岁以下　　　☑B. 25～35 岁　　　　C. 36～45 岁
D. 46～55 岁　　　E. 56～65 岁　　　　　F. 65 岁以上

3. 您的家庭人口数量是：
A. 单身　　　　　　B. 两口之家　　　　　☑C. 3～4 人
D. 5 人　　　　　　E. 5 人以上

4. 您的文化程度是：
A. 初中及初中以下　B. 高中　　　　　　　C. 大/中专
☑D. 大学本科　　　E. 本科以上

5. 您的工作单位是：
A. 国家机关　　　　☑B. 企/事业单位　　　C. 外企
D. 私营企业单位　　E. 其他

6. 您的月收入一般属于哪一类：
A. 1000 元以下　　　B. 1000～3000 元　　☑C. 3000～5000 元
D. 5000～7000 元　　E. 7000～10000 元　　F. 10000 元以上

访问到此结束，再次感谢您的支持！祝您身体健康，万事如意！

＊＊＊＊＊＊＊＊＊＊＊＊＊＊＊＊＊＊＊＊＊＊＊＊＊＊＊＊＊＊

【相关链接】

设 计 调 查 问 卷

问卷调查是房地产消费者市场调查最为核心的一步,必须要进行缜密的问卷调查设计,问卷设计必须要与调查目标相一致。

1. 了解调查问卷设计的原则

(1) 目的性原则

问卷调查是通过向被调查者询问问题来进行调查的,所以,询问的问题必须是与调查主题有密切关联的问题。这就要求在问卷设计时,重点突出,避免可有可无的问题,并把调查主题分解为更详细的项目,即把它分别做成具体的询问形式供被调查者回答。

(2) 可接受性原则

由于被调查者对是否参加调查有着绝对的自由,调查对他们来说是一种额外负担,他们既可以采取合作的态度,接受调查;也可以采取对抗行为,拒答。因此,请求合作就成为问卷设计中一个十分重要的问题。应在问卷说明词中,将调查目的明确告诉被调查者,让对方知道该项调查的意义和自身回答对整个调查结果的重要性。问卷说明要亲切、温和,提问部分要自然,有礼貌和有趣味,必要时可采用一些物质鼓励,并代被调查者保密,以消除其某种心理压力,使被调查者自愿参与,认真填好问卷。此外,还应使用适合被调查者身份、水平的用语,尽量避免列入一些会令被调查者难堪或反感的问题。

(3) 顺序性原则

在设计问卷时,要讲究问卷的排列顺序,使问卷条理清楚,顺理成章,以提高回答问题的效果。问卷中的问题一般可按下列顺序排列:

1) 容易回答的问答(如行为性问题)放在前面;较难回答的问题(如态度性问题)放在中间;敏感性问题(如动机性、涉及隐私等问题)放在后面;关于个人情况的事实性问题放在末尾。

2) 封闭性问题放在前面,开放性问题放在后面。这是由于封闭性问题已由设计者列出备选的全部答案,较易回答,而开放性问题需被调查者花费一些时间考虑,放在前面易使被调查者产生畏难情绪。

3) 专业性强、具体细致的问题应尽量放在后面。

4) 要注意问题的逻辑顺序,如可按时间顺序、类别顺序等合理排列。

(4) 简明性原则

1) 调查内容要简明;

2) 调查时间要简短,一般问卷回答时间应控制在 30 分钟左右;

3) 问卷设计的形式要简明易懂,易读。

2. 设计调查问卷的问题

问卷的语句由若干个问题所构成,问题是问卷的核心,在进行问卷设计时,必须对问题的类别和提问方法仔细考虑,否则会使整个问卷产生很大的偏差,导致市场调查的失败。因此，在设计问卷时，应对问题有较清楚的了解，并善于根据调查目的和具体情况选择适当的询问方式。

（1）开放性问题和封闭性问题

1）开放性问题是指所提出问题并不列出所有可能的答案，而是由被调查者自由做答的问题。开放性问题一般提问比较简单，回答比较真实，但结果难以做定量分析，在对其做定量分析时，通常是将回答进行分类。

如：您在购房过程中最需要哪些服务？＿＿＿＿＿＿＿＿＿＿

2）封闭性问题是指已事先设计了各种可能的答案的问题，被调查者只要或只能从中选定一个或几个现成答案的提问方式。封闭性问题由于答案标准化，不仅回答方便，而且易于进行各种统计处理和分析。但缺点是被调查者只能在规定的范围内被迫回答，无法反映其他各种有目的的、真实的想法。

如：您在购房时，最先考虑哪些因素？（请用阿拉伯数字选出前三项）
□楼层　□朝向　□采光　□通风　□位置　□户型　□质量　□配套设施
□绿化

（2）事实性问题、行为性问题、动机性问题、态度性问题

1）事实性问题是要求被调查者回答一些客观实际的问题。

例如，"您现在的住房产权是谁的？"
□自己所有　　□租的　　□借住亲戚朋友的　　□单位所有

这类问题的主要目的是为了获得有关事实性资料。因此，问题的意见必须清楚，使被调查者容易理解并回答。

通常在一份问卷的开头和结尾都要求被调查者填写其个人资料，如职业、年龄、收入、家庭状况、教育程度、居住条件等，这些问题均为事实性问题，对此类问题进行调查，可为分类统计和分析提供资料。

2）行为性问题是对被调查者的行为特征进行调查。

例如，"您以前是否购买过住房？"
□买过　　□没买过

3）动机性问题是为了解被调查者行为的原因或动机问题。

例如，"您购买住房的主要原因是什么？"
□想拥有自己的住房　　□现有住房太小　　□现有住房地理位置不好
□现有住房户型不好　　□想投资房地产　　□其他

在提动机性问题时，应注意人们的行为可以是有意识动机，也可以是半意识动机或无意识动机产生的。对于前者，有时会因种种原因不愿真实回答；对于后两者，因被调查者对自己的动机不十分清楚，也会造成回答的困难。

4）态度性问题是关于对被调查者的态度、评价、意见等问题。

例如："您是否喜欢枫林雅都的物业？"

3. 设计调查问卷的答案

在市场调查中，若采用封闭性问题，需要事先对问句答案进行设计。在设计答案时，可以根据具体情况采用不同的设计形式。

(1) 二项选择法

二项选择法也称真伪法或二分法，是指提出的问题仅有两种答案可以选择。"是"或"否"，"有"或"无"等。这两种答案是对立的、排斥的，被调查者的回答非此即彼，不能有更多的选择。

例如，"您现在拥有住房吗？"答案只能是"有"或"无"。

这种方法的优点是：易于理解和可迅速得到明确的答案，便于统计处理，分析也比较容易。但被调查者没有进一步阐明理由的机会，难以反映被调查者意见与程度的差别，了解的情况也不够深入。这种方法，适用于互相排斥的两项择一式问题、及询问较为简单的事实性问题。

(2) 多项选择法

多项选择法是指所提出的问题事先预备好两个以上的答案，被调查者可任选其中的一项或几项。

例如，"您对所购买的住房哪些方面很满意？"（在您认为合适的□内划√）

□位置　□绿化环境　□设计　□质量　□建材　□物业　□其他

由于所设答案不一定能表达出填表人所有的看法，所以在问题的最后通常可设"其他"项目，以便使被调查者表达自己的看法。

这种方法的优点是比二项选择法的强制选择有所缓和，答案有一定的范围，也比较便于统计处理。但采用这种方法时，问卷设计者要考虑以下两种情况：

1) 要考虑到全部可能出现的结果，及答案可能出现的重复和遗漏；

2) 要注意根据选择答案的排列顺序。有些被调查者常常喜欢选择第一个答案，从而使调查结果发生偏差。此外，答案较多，使被调查者无从选择，或产生厌烦。一般这种多项选择答案应控制在8个以内，当样本量有限时，多项选择易使结果分散，缺乏说服力。

(3) 顺位法

顺位法是对提出的问题，列出若干项目，由被调查者按重要性决定先后顺序，顺位方法主要有两种：一种是对全部答案排序；另一种是只对其中的某些答案排序，究竟采用何种方法，应由调查者来决定。具体排列顺序，则由被调查者根据自己所喜欢的事物和认识事物的程度等进行排序。

例如，"您在购房时，主要考虑的因素是（请将所给答案按重要顺序1，2，3……填写在□中）。"

□　房价　　□户型　　□朝向、通风、采光　　□建筑外观风格
□小区内景观、环境　　□开发商品牌、实力　　□交通情况　　□周边配套设施

顺位法便于被调查者对其意见、动机、感觉等做衡量和比较性的表达，也便于对调查结果加以统计。但调查项目不宜过多，过多则容易分散，很难顺位。同时所询问的排列顺序也可能对被调查者产生某种暗示影响。这种方法适用于对要求答案有先后顺序的问题。

（4）量表测量法

将消费者态度分为多个层次进行测量，其目的在于尽可能多地了解和分析被调查者群体客观存在的态度。

如：你是否满意万科物业？

−2	−1	0	1	2
不满意	不太满意	一般	比较满意	很满意

（5）过滤法

又称"漏斗法"，是指最初提出的是离调查主题较远的广泛性问题，再根据被调查者回答的情况，逐渐缩小提问范围，最后有目的地引向要调查的某个专题性问题。这种方法询问及回答比较自然、灵活，使被调查者能够在活跃的气氛中回答问题，从而增强双方的合作，获得被调查者较为真实的想法。但要求调查人员善于把握对方心理，善于引导并有较高的询问技巧。此方法的不足是不易控制调查时间。这种方法适合于被调查者在回答问题时有所顾虑，或者一时不便于直接表达对某个问题的具体意见时所采用。例如，对那些涉及被调查者自尊或隐私等问题，如收入、文化程度、年龄等，可采取这种提问方式。

如：（1）请问您打算何时购房？

□1年之内　□2年之内　□3年之内　□3年以上→终止访问

（2）请问您的年龄是_____岁？

□25岁以下　□25～35岁　□36～45岁　□46～55岁　□56～65岁

□65岁以上→终止访问

（3）请问您的家庭月收入属于以下哪种情况？

□2000元以下→终止访问　□2500～4000元　□4000～6000元　□6000～8000元

□8000～10000元　□10000～15000元　□15000元以上→终止访问

2.3.4　分析房地产消费者市场问卷调查资料

在完成了房地产消费者市场问卷调查后，接下来陈婷婷又对问卷收集到的资料从以下五个方面进行了分析：

1. 分析被调查者构成

首先针对调查的数据对被调查者的构成进行分析和归类，一般按照年龄、职业、受教育程度、职业属性、家庭人口结构等变量归类。

2. 分析购买意向

（1）购买动机及决策——判定购买者是用于投资、居住还是其他。

（2）购房区域选择——暗示对区域规划前景或环境的偏好或信心。

（3）投资意向调查——获取购买者对投资性购房的真实、客观数据。

（4）区域价格预测——获取购房者对未来房价的预期价位，如果预期价格高，可能会加快他们的购买决定；如果预期降低，他们可能会持币待购。

3. 分析购买偏好

（1）地段——暗示对某一地段的独特偏好和市场升值潜力预期。

（2）价位，包括单价承受能力和总价承受能力——获取其购房的支付能力和偏好，为价格定位提供基础数据。

（3）户型与结构——获取其对户型和结构需求偏好，为建筑规划和户型设计提供基础数据。

（4）面积分析，包括需求面积分析、客厅面积、卫生间面积、厨房面积、卧室面积、阳台面积——获取其对面积的偏好，为建筑规划和户型设计提供基础数据。

（5）建筑风格——获取其对建筑风格的独特建议，供建筑设计参考。

（6）装修档次——获取其对装修的建议，分析其心理状态，更准确地描述客户特征，为楼盘档次提供参考。

4. 分析购买行为

（1）付款方式选择——为销售策略推出提供重要依据，便于制定销售手法。

（2）首付金额——可从中看出消费者的购房实力和心理支付底线，为销售策略提供参考。

（3）愿意承担的月供金额——可以判定出家庭收入能力，为销售策略提供参考。

5. 分析购买决策

（1）购房考虑因素重要程度——对于最满意和最不满意的前五位因素都需予以重点分析，本项目如何结合这些最满意的决策因素，如何避免最不满意的因素。

（2）交付要求——其调查结论是影响决策者的重要因素，可能会影响整个项目开发的节奏和计划。

（3）配套设施要求——影响着购房者未来的生活方便程度和舒适程度，必须与客户群定位结合起来规划。

【任务拓展】

1. 任务要求

（1）分组后根据本组样本楼盘所在区域，确定房地产消费者需求问卷调查地点，采用街头拦截法、访谈问卷法，实施房地产消费者市场调查，完成调查问卷；

（2）对消费者需求问卷上所收集到的资料、数据进行整理、审核；

（3）对资料、数据进行统计，进行小组汇总，完成调查资料统计分析表；

（4）分析消费者的消费动机、消费行为，把握消费需求，对样本楼盘正确定位，寻找样本楼盘潜在客户。

2. 任务执行要点

（1）必须确保调查为真实信息，一律不准擅自填写或相互填写问卷；

（2）实地调查时，应有针对性地选择被调查对象，充分考虑被调查对象的年龄分布、收入分布等因素；

（3）实地调查时，选择被调查对象时，应剔除那些本身从事市场调研、房地产开发、策划、销售、研究、广告策划等工作的人员。

过程 2.4 调查竞争楼盘

市场竞争对于制定市场营销策略有着重要的影响。竞争楼盘的存在将直接影响 0608 地块项目的销售状况，因此需对竞争楼盘进行跟踪调查。调查竞争楼盘，可以帮助掌握市场竞争的主动权，并有针对性地制定出反击取胜的策略。陈婷婷及其所在的 0608 地块项目市调组，锁定了 0608 地块项目的竞争楼盘，并对竞争楼盘的产品特征、销售卖点、销售价格、销售情况等进行调查，总结其优劣势，及时调整自身项目的定位。

2.4.1 了解竞争楼盘调查的内容

（1）项目概况分析；
（2）规划格局分析；
（3）建筑风格分析；
（4）户型特点分析；
（5）装修特点分析；
（6）样板房特点分析；
（7）景观绿化特点分析；
（8）配套设施分析；
（9）目标客户分析；
（10）营销策略分析；
（11）价格策略分析；
（12）广告策略分析；
（13）售楼处布置分析；
（14）开发商情况分析；
（15）物业管理情况分析。

2.4.2 调查 0608 地块项目的竞争楼盘的过程和结论

0608 地块项目市调组在项目所在区域内锁定了枫林雅都、青枫公馆、景瑞曦城、御源林城、御水华庭等项目作为自身项目的竞争楼盘，进行了详细调查分析。其中，陈婷婷主要负责对景瑞曦城楼盘进行竞争楼盘调查。

1. 竞争楼盘调查执行用表

下列表格是陈婷婷在进行竞争楼盘调查时所采用的调查表。

景瑞曦城 楼盘调查表

调查时间：2007年3月12日　　调查人：陈婷婷　　记录人：陈婷婷

一、楼盘基本资料

1. 楼盘名称：	2. 售楼电话：
3. 项目位置：	4. 建筑类型：
5. 占地面积：	6. 总建筑面积：
7. 面积范围：	8. 主力面积：
9. 开盘价格：	10. 单价范围：
11. 总价范围：	12. 销售均价：
13. 开盘日期：	14. 开工时间：
15. 可售户数：	16. 竣工时间：
17. 容积率：	18. 绿化率：
19. 物业类别：	20. 物业管理费：

21. 楼盘现状：□拆迁　□基础　□主体结构　□结构封顶　□装修　□交房

二、周边配套

1. 四至	
2. 交通路线	
3. 周边交通	
4. 商业环境	
5. 市政配套	
6. 生活配套	

三、小区配套

1. 会所设施	
2. 公建配套	
3. 绿化配套	
4. 商业设施	
5. 车位（库）：地上：地下：	

四、户型配比

户型	面积	户数	配比	去化

五、其他情况

1. 开发商	
2. 建筑设计	
3. 施工单位	
4. 企划销售	
5. 广告代理	
6. 绿化设计	
7. 物业管理	

六、产品规划

1. 产品规划	
2. 总平面图	
3. 主力产品分析	

七、综合分析

1. 上市节奏分析	
2. 营销分析	
3. 价格分析	
4. 客源分析	
5. 优势	
6. 劣势	
7. 综合竞争力	

2. 实施竞争楼盘调查分析的要点

陈婷婷通过网络调查法搜集了景瑞曦城项目二手资料,通过访谈法、实地调研法又搜集了景瑞曦城项目一手资料。在对景瑞曦城项目进行了认真调研后,陈婷婷开始分析景瑞曦城项目的优劣势,并将其作为竞争楼盘与0608地块项目进行了比较,概括出景瑞曦城项目对0608地块项目的影响及其影响程度,以利于在后续销售期明确突出0608地块项目的优势、合理规避0608地块项目的劣势。

陈婷婷着重从以下五个方面对景瑞曦城项目进行了调查分析:

(1) 分析竞争楼盘的地理位置

楼盘的地理位置的优劣,往往决定了楼盘的大部分价值。从大的方面讲,就是分析竞争楼盘所在地的区域特征(商业中心、工业中心、学院社区等),了解区域交通状况,区域公共设施配套(水、电、气等市政配套,文、教、卫、菜场、商业、超市等生活配套)和人文环境(如学校)等。从小的方面讲,就是竞争楼盘的大小形状、所处位置、东南西北朝向、环境等。

(2) 分析竞争楼盘的产品

这是调查分析竞争楼盘的主要内容。分析产品是了解竞争楼盘的基础,只有认真分析,才能正确把握因此而产生的种种变化。重点在于了解竞争楼盘的总建筑面积、规划、建筑设计与外观、总套数与户型、面积配比、建筑用材、公共设施和施工进度、交房期限等。

(3) 分析竞争楼盘的价格组合

市场营销中往往有许多关于价格方面的促销活动,但万变不离其宗,最终归于价格组合的三个方面。剖析价格组合并了解其运用策略是市场调研最吸引人的地方。重点调查产品的单价、总价和付款方式、价格的变动。

(4) 分析竞争楼盘的广告策略、营销策略和业务组织

广告策略是指广告的主要诉求点、媒体选择、广告密度和实施效果等。业务组织是指售楼地点的选择、人员的配置、业务的执行等。

(5) 了解竞争楼盘的销售状况

这是最关键的,需要了解什么样的户型最好卖,什么样的总价最为市场所接受、吸引客户最主要的地方是什么,购房客户群有什么特征等。

3. 撰写竞争楼盘调查分析报告

景瑞曦城调查分析报告

【基本情况】

开发商:略;

物业地址:钟楼区星湖大道玫瑰路口(钟楼经济开发区管委会对面星湖公园西侧);

物业形态:高层;

占地面积:32480.57m^2;

容积率:2.39;

总建筑面积：77628.57m²；

绿化率：40%；

物业费：0.7元/m²·月；

公开日期：2007年5月；

销售均价：3700元/m²；

优惠政策：一次性付款98折、分期付款99折。

【产品介绍】

本案为高品质生态住宅小区，以高层住宅为主，规划户数近1700多户。项目规划具有欧式古典简约的建筑神韵，高低错落的建筑围合设计；环形绿化步行环境，下沉式中心广场，设置室外戏水池、休闲会所，增添一份独享的尊贵感受。加上宽阔的栋距，充裕的采光，使主人的生活空间更优化。

项目东侧紧邻800亩城市开放式生态公园——星湖公园，充分发挥自然环境的优势，将公园景观引入小区中，业主可充分欣赏到绿色美好景致。项目目前主要通过城市快速干道星湖大道与市区相连，有52路、39路、BRT2号线等公交线路，出行方便快捷。

【户型面积配比】：如表2-10所示。

景瑞曦城户型面积配比表　　　　　　　　　表2-10

户型	套数	比例	面积（m²）	比例
二房二厅一卫	118	28.571%	87	24.5%
二房二厅一卫	59	14.286%	105	14.8%
二房一厅一卫	118	28.571%	90	25.4%
三房二厅一卫	59	14.286%	123	17.3%
三房二厅一卫	59	14.286%	128	18%
总计	413	100%	—	100%

从户型面积配比来看，本项目的户型以二房为主，占总户数的65%以上，三房占35%。

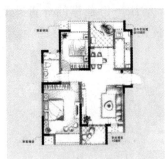

从二房的各类户型配比来看，各面积段户型所占比例相差不大，产品差异化较明显，能满足不同层次的二房需求者要求，拓宽了受众面，加大了客户选择面。

【在售户型】

二房二厅一卫　87m²

全明户型，生活、功能区完美划分，格局空间方正雅致；客厅、主卧、次卧、厨房四大生活空间全线朝南，礼遇阳光；主卧景观飘窗，客厅连接超大阳台，将户外美景延揽入室；开放式厨房餐厅组合，L形操作界面，烹饪生活便利自如；储藏空间设计，阳台赠送一半面积，品质生活"屋"超所值。

二房二厅一卫＋空中花园　90m²（略）

二房二厅一卫＋空中花园　105m²

户型方正，南北通透，双轴线通风，自在生活全新享受；南北景观双阳台设计，清风自然对流，园林风光前呼后拥；4.2m超大面宽阳光客厅，格局方正严谨，彰显大家风范；客厅连接南向观景阳台并独立开窗，体验舒适阳光生活；客厅、厨房双阳台各赠送一半面积，双卧飘窗延伸无限空间。

三房二厅一卫＋空中花园　123m²（略）

三房二厅一卫＋空中花园　128m²

全明户型，南北通透，功能分区明确，尽情体验高尚生活；4.3米超大面宽阳光客厅，格局方正严谨，彰显大家风范；餐厅与客厅相对独立又完美相融，功能清晰，利用率高；客厅与主卧连通南向观景阳台，会客、生活均享自然风光；主卧开间3.6米，设置多功能室，可作书房/茶室；次卧270°转角飘窗，阳光、空气、绿地触手可及。

【销售分析】：如表2-11所示。

景瑞曦城销售情况分析表　　　　　　　　　　表2-11

在售房型	面积（m²）	数量（套）	户型配比（占总户数比例）	已销售户数（套）	在售房型的销售比例（%）
2/2/1	87	118	28.571%	73	69.5%
2/2/1	90	118	14.286%	32	30.5%
2/2/1	105	59	28.571%	14	23.7%
3/2/1	123	59	14.286%	26	44.1%
3/2/1	128	59	14.286%	34	57.6%

该项目一期于 2007 年 5 月开盘，推出 1、3、5 号楼，共计 413 套住宅，目前销售 179 套，总体销售率约 43.3%。剩余房源集中在 90m² 和 105m² 的二房，主要是由于这两种户型面积分布不合理，南北不通透，不适合居住，其中 105m² 的户型功能分区不尽合理，市场认可度较差，而其余户型比较适合自住。同时，小户型仍是投资客的主要选择。项目目前销售率约 43.4%，与其他同期新开的楼盘相比较，去化速度较慢。

【客源分析】

本案客源主要为钟楼开发区周边地区的居民和周边企业员工，约占 70%；私营企业业主占少量，约占 10%；还有部分客户购房用于投资，约占 20%；客源年龄层次主要为 25～45 岁之间。

【售价分析】

本案目前均价为 3700 元/m²，自开盘以后有推广活动，在开盘时也推出了一些优惠政策：目前优惠措施为一次性付款 98 折，分期付款 99 折。具体促销活动如表 2-12 所示。

景瑞曦城促销活动一览表　　　　　表 2-12

时间	活动内容
2007 年 5 月 1 日	5 月 1 日一期盛大公开！
2007 年 5 月 20 日	星湖公园前排景观房，接受认购！开盘当天"三重大礼"惊喜欢乐送！
2007 年 7 月 15 日	精选 2+1 成长房（二室二厅+快乐活动室约 85m²），推出"小太阳家庭置业计划"，每户 3000 元资助金，特别优惠年轻三口之家。
2007 年 8 月	免息助家，3 万～5 万超低首付轻松置业。
2007 年 10 月	89～130m² 景致空间样板房，即将登场！ 这个国庆节，在曦城，收获"国庆之喜"之外的特别惊喜！

结论：本项目的报纸媒体推广较多，主要原因在于项目本身规模较大。且受最近两个月房市大环境的影响，项目整体销售比较好，促销推广以及宣传投入较多。

【营销分析】

综观本案近期的推广思路，主要采取开盘优惠以及样板房公开等活动来加速产品去化。从项目开盘开始，其销售价格与周边主要竞争对手相比的销售价格相差不大，其后进行打折促销活动，使实际成交价基本比其他楼盘低，考虑到购房者更加在意的是对外报价，因此该措施起到的效果比较明显。

从营销推广的效果来看，促销信息和项目推广很好地结合在一起，导致新开楼盘去化速度和去化量较理想。目前已购房客户也主要是附近居民、企业职工还有部分投资客。随着周边区域大量新盘的面市以及竞争项目不断有新的产品进入市场，仅依靠优惠和促销对楼盘进行宣传是远远不够的，因此采用更多的营销手段和营销策略才是本案后期的重点。

【媒体分析】：如表 2-13 所示。

景瑞曦城媒体策略分析表　　　　　　　表 2-13

媒体	时间	版面	主题
常州日报	2007 年 5 月 1 日	D4 1/2 版	景瑞曦城——只为不平凡的您
常州日报	2007 年 5 月 20 日	D8 1/2（软）	开盘当天"三重大礼"惊喜欢乐送
常州日报	2007 年 7 月 15 日	D16 1/4（软）	小太阳家庭置业计划，每户 3000 元资助
现代快报	2007 年 8 月 16 日	B6 版	免息助家，2 万～3 万超低首付轻松置业
扬子晚报	2007 年 10 月 1 日	C8 版	89～130m² 景致空间，盛大公开

项目自推出以来只在开盘前做过较多的报纸推广，主要诉求点为：为项目开盘做一个信息的传递，也为后期开发做推广。

项目在本月也做过报纸广告推广，主要是目前处于楼市淡季，同时项目的规模较大，开发商认为报纸媒体广告可以达到预期的推广效果。

【综合点评】

本案开发商实力雄厚，其营销代理是由上海××公司担任，目前已积累部分新老客户。同时，本案位于快速公交、钟楼区区政府旁，紧邻星湖公园，地理位置优越，项目开发的基础条件好，而且项目的外部配套规划较齐全，因此，项目的外部优势比较明显。

就本案的规划和产品来看，其优势也比较明显，尤其是整个小区的地块的合理使用，外部充分利用星湖公园美景，内部景观由知名公司设计，有环形绿化步行环境、下沉式中央水景和游泳池等，使得小区内部比较完善。为了更好的促进项目的去化，本案主要采取的是低开高走策略，以此吸引更多客户。

【任务拓展】

1. 任务要求

（1）分组收集本组竞争楼盘资料；

（2）实地调研竞争楼盘，完成竞争楼盘调查问卷；

（3）整理、分析竞争楼盘调查资料，模仿例文，撰写《××楼盘调研分析报告》；

（4）将竞争楼盘与样本楼盘比较，总结样本楼盘与竞争楼盘相比较的优劣势，分析竞争楼盘对样本楼盘的影响及其影响程度，以利于对样本楼盘进行 SWOT 分析，利于后期销售。

2. 调查执行要点

（1）必须确保调研为真实信息，一律不准擅自填写；

（2）实地调研时，除前往竞争楼盘的售楼处实施调查外，还应前往楼盘工地实地查看；

（3）实地调查以与置业顾问访谈为主，同时应辅以拍照等其他方式。

过程 2.5　调查分析项目自身条件

项目自身条件调查分析主要是认清自我的一个过程，项目所在地的气候、土地性质、周围交通、配套设施都是重点调研的对象,这个过程能帮助决策者认清项目的优势、劣势、机会和挑战,以便于更好地结合项目资源,挖掘出项目的附加值。在进行了项目市场环境调查、消费者需求调查、竞争楼盘调查的基础上,陈婷婷及其所在的0608地块项目市调组一起对0608地块项目自身条件进行了认真细致的调查分析。

2.5.1 了解项目自身条件分析的内容

1. 项目地块调查分析

（1）地理位置;
（2）土地面积及红线图;
（3）地形、地貌;
（4）土地规划使用性质;
（5）三通一平或七通一平等现状描述。

2. 项目周边环境调查分析

（1）地块周边的建筑物;
（2）绿化景观;
（3）自然景观;
（4）历史人文景观;
（5）环境污染状况（水、气、土地污染、噪声污染、社会治安）;
（6）其他不利的干扰因素。

3. 项目交通条件调查分析

（1）地块周边的市政路网及其公交现状条件、远景规划;
（2）项目的交通状况。

4. 项目市政配套条件调查分析

（1）购物场所;
（2）文化教育;
（3）医疗卫生;
（4）金融服务;
（5）邮政服务;
（6）娱乐、餐饮、运动服务;
（7）生活服务;
（8）娱乐休息设施。

5. 项目SWOT分析

（1）地块优势排序分析
1）政府支持优势;
2）地段优势;
3）规模优势;
4）交通优势;

5) 价格优势；
6) 户型优势；
7) 社区配套优势；
8) 景观优势；
9) 装修优势；
10) 服务优势；
11) 品牌优势；
12) 营销策略优势；
13) 物业管理优势。

(2) 地块劣势排序分析：同地块优势排序分析；

(3) 项目机会分析；

(4) 项目威胁分析；

(5) 项目 SWOT 整合分析：如表 2-14 所示。

土地 SWOT 分析表　　　　表 2-14

Strength 优势分析	Weakness 劣势分析
S1. 七通一平； S2. 交通； S3. 灵活建筑规划设计； S4. 充裕资金实力； S5. 分期开发缓解资金压力； ⋮	W1. 周边基础配套不全； W2. 污染； W3. 区域人文环境不佳； W4. 开发对周围景观的破坏； ⋮
Opportunity 机会分析	Threat 威胁分析
O1. 区域需求旺盛，房价持续走高； O2. 附近大型商场带入巨大人流； O3. 城市高速扩张，土地不断升值； O4. 区域待开发土地较多，易形成大规模居住区； O5. 政府待建公园，环境景观日趋成熟； O6. 存在集团购买，将有力促进销售； ⋮	T1. 城市发展向东南区倾斜； T2. 短期区域市场供应增大； T3. 政府大力加强经济适用房建设； T4. 区域知名度低； T5. 周边项目档次较低； ⋮

结论：

2.5.2 调查分析 0608 地块项目自身条件

结合项目自身条件，陈婷婷及其市调组对 0608 地块项目进行了 SWOT 整合分析。

1. 地块的经济参数

(1) 建筑用地面积：25.28 万 m^2；

(2) 容积率：2.5；

(3) 总建筑面积：10.11万 m^2；

(4) 建筑密度：40%；

(5) 绿化率：36%；

(6) 土地规划用途：商住。

2. 地块的基本情况分析

(1) 地理位置：北临星湖大道，南临星园路，东临茶花路，西临五星路，星湖公园以西；

(2) 地块形状：地形方正，便于规划；

(3) 交通状况：39、52路公交、BRT2号线；

(4) 周边配套：欧尚超市、星湖中小学、星湖医院、菜场、银行等。

3. 项目SWOT整合分析

(1) 项目优势分析

1) 区域内地理位置优势：本案位于钟楼经济开发区核心位置，与开发区管委会隔路相望；

2) 增值空间优势：钟楼经济开发区发展较快，逐步形成了常州城西新的居住区，区域升值潜力较强；

3) 临近星湖公园：本案可谓是离星湖公园最近的项目，拥有凌驾于其他竞争楼盘的生态资源优势。

(2) 项目劣势分析

1) 生活配套不足，影响生活品质；

2) 交通不便捷，出行不便；

3) 新兴居住区，购房者认可度不高；

4) 个案周边安置房较多影响房价，分流客源。

(3) 项目机会分析

1) 项目所在区域内市政和生活配套不断完善，板块认可度不断提升；

2) 目前茶花路已经建成，位于开发区入口处的龙江路高架正在施工，预计2008年通车；规划中的轻轨2号线，已确定以城西星湖大道为原点；

3) 从未来商业规划来看，区域配套将不断完善，星湖公园西侧的茶花路商业街，未来将成为公园商业街，大型城市商业——盈丰广场也将在明年动工，集多种物业为一体。该区域未来将成为一个具行政、生态、居住功能、又具备生活便利性的大型城市居住板块。

(4) 项目威胁分析

1) 区域市场形势尚未完全明朗，随着区域供应量的加大，未来市场购买力后劲不足的可能性较大；

2) 市场竞争激烈：2007年下半年开始供应量进一步加大，本项目所处区域10月后将有4个新开项目，总的市场供应量约在100万 m^2，市场竞争压力较大。

2.5.3 给出项目初步建议

陈婷婷了解到：经过完整、详尽的前期市场调查，结合项目自身优劣势及其特点，0608地块项目市调组分别从目标客源、产品规划、户型配比、销售价格、媒体策略五个方面，给出了以下初步建议。

1. 设定项目目标客源

（1）长期在本区域内（钟楼经济开发区附近原住居民）居住，具有较高的经济实力，并有进一步提高居住品质要求的客户群体；

（2）开发区管委会内的政府职员；

（3）在区域内拥有中高收入工作的客户群体，主要包括周边工厂的职工，以及在临近区域工作的中高层白领等；

（4）勤业、花园、白云等区域的一些购房能力偏低的群体；

（5）认可本区域具有升值潜力的长线投资者。

2. 给出项目规划建议

规划设计总原则：整个项目气度恢宏，建筑体俊朗挺拔，以高档次建筑的标准要求社区的整体规划、建筑体的排布、景观组团的设计，为业主营造一个气质内敛沉稳、精神尊崇高贵的人性诗意家园，以头等舱的空间成就卓越生活典范。

建议本项目的建筑风格应与自然景观相协调，采用景观组团，形成整个项目的生态园林景观，以延续星湖公园的景观特色。

建议本项目的建筑布局可面对公园错落有致排列，保持与公园景观的最佳视角，确保居住价值得到最大的发挥。

3. 给出项目一期户型配比建议

具体户型面积配比分析如表 2-15 所示。

项目户型面积配比分析表　　　　表 2-15

户型类型	面积范围（m²）	配比（%）
两房两厅一卫	≤90	50
两房两厅一卫＋小书房（小三房）	90～120	35
三房两厅二卫（中三房）	120～130	10
三房/四房两厅双卫＋储藏间	≥130	5

户型设计应充分体现动静分离的人性化设计布局，尽显主人尊贵身份。各功能区紧密相连，视野通透宽广，尽情享受窗外美景。朝南次卧方正实用，大开间主卧设计、观景阳台设计让美丽风景流连室内。

4. 给出项目一期销售价格建议

根据区域市场目前的现状，考虑到本项目实际情况，因本项目地理位置优越及与周边在推及待推项目相比，具有一定的优势，故建议项目一期的销售价格为 3850 元/m² 左右。

该价格以目前市场行情为基准，可根据销售情况和整体市场趋势进行调整。

5. 给出项目一期媒体策略建议

因本项目所处区域内竞争激烈，且目标客户区域比较集中，故建议在媒体选择上，以区域户外广告为主，从而达到抢占区域户外优势的效果。

建议以户外广告为主，配合采用报纸广告媒体策略，辅以短信、电视台、电台等其他媒体形式，形成多渠道、立体式媒体组合，与目标客户形成有效沟通。

销售现场的氛围和服务是促成购买的关键，建议及早建成售楼处及样板房，布局恢宏大气，设计时尚奢美，通过精致包装及现场实景，从而为目标客户营造出一种奢美头等舱的极致生活。

【任务拓展】

各组结合本组样本楼盘自身条件，进行 SWOT 整合分析，制作成 PPT 进行小组汇报。

过程 2.6 整理与分析调查资料

2.6.1 整理房地产市场调查资料

资料整理是根据调查目的，运用科学的方法，对调查资料进行审核、分类或分组、汇总，使之系统化和条理化，并以集中、简明的方式反映调查对象总体情况的工作过程。

陈婷婷按照以下步骤对前期市场调查所收集到资料进行整理：

1. 设计资料整理方案

2. 原始资料的审核与复查

审核：指调查者对收集的原始资料进行初步的审查和核实，校正错填、误填的答案，剔出乱填、空白和严重缺答的废卷。

复查：指调查者在收回调查资料后，又由他人对所调查的样本中的一部分个案进行第二次调查，以检查和核实第一次调查的质量。

在进行资料审核时，必须注重资料的真实性、准确性和完整性。审核中如发现问题后可以分不同的情况予以处理：

（1）在调查中已发现并经过核实后确认的错误，可由调查人员代为更正；

（2）对于资料中可疑之处或有错误与出入的地方，应进行补充调查；

（3）无法进行补充调查的错误资料，剔除，以保证真实性和正确性；

（4）按"不详值"处理的答案，要注明"不详值"字样或其代码。

3. 资料的编码和录入

（1）问卷编码。就是给每个问题及答案一个数字作为它的代码。

常用的编码方法有：顺序编码法、分组编码法、助忆编码法。

（2）数据录入。将经过编码的数据资料输入计算机的存储设备（软盘、硬盘或U盘）中，这样便可供计算机统计分析。

4. 汇总资料

2.6.2 分析房地产市场调查资料

1. 列表统计

将已经分类的资料进行统计计算，如简单列表、交叉列表、多变量间关系分析，并制成各种计算表、统计表、统计图。

2. 分析解释

对各项资料中的数据和事实进行比较分析，从所收集的资料中获得结论。

过程2.7 学习撰写调查报告

作为调查结果的重要表现形式，在调查最后阶段都必须提供有效的调查报告，说明调查的内容和问题。调查报告形式多样，主要分为书面报告和口头报告。

2.7.1 学习撰写书面报告

1. 了解书面调查报告

书面调查报告的任务有二：一是说明市场调查的结果；二是说明调查的过程。前者使报告阅读者清楚地了解本项目市场调查得出的基本结论，后者可证明所得出的调查结论的可信度。在撰写书面报告时0608地块项目市调组遵循了以下基本要求：

（1）实事求是；

（2）符合市场规律及政策；

（3）理论与实践相结合。

2. 了解房地产市场调查报告的规范结构

陈婷婷了解到：在撰写房地产市场调查报告时，0608地块项目市调组以下面提供的基本结构样式作为参考样本进行写作。

（1）扉页

1）调查报告标题；

2）调查公司名称；

3）调查完成日期。

（2）目录页

（3）调查结论摘要部分

1）调查主题的简要陈述；

2）调查方法的简要陈述；

3) 调查结论的简要陈述；
4) 建议的简要陈述。

(4) 调查报告正文部分

1) 项目概况；
2) 调查主题详细说明；
3) 调查方法详细说明；
4) 市场调查的内容和基本方法；
5) 分析和主要发现；
6) 结论和建议；
7) 局限性和应用注意事项。

(5) 附录部分

1) 调查问卷；
2) 细节资料及来源；
3) 统计技术资料；
4) 其他相关资料。

3. 撰写报告的注意事项

(1) 针对性；
(2) 时效性；
(3) 新颖性；
(4) 可读性；
(5) 公正性。

2.7.2 进行口头报告

为了使报告生动形象，陈婷婷协助0608地块市调组将市场调查报告的重要内容和主要结论制作成PPT可视性资料，向委托方——常州××房地产营销代理有限公司进行了口头报告。与书面报告相比，口头报告具有以下几方面特点：

(1) 能用较短的时间说明所需研究的问题；
(2) 生动形象，具有感染力，容易给对方留下深刻印象；
(3) 能与听者直接交流，便于增强双方的沟通；
(4) 具有一定的灵活性，一般可根据具体情况对报告内容、时间作调整。

口头报告虽然具有上述优点，但其效果如何，还需取决于以下准备：

(1) 根据口头报告时间的长短来取舍，安排和控制汇报的基本内容；
(2) 准备好汇报提纲，利用现代化手段制作成各种可视性资料；
(3) 尽量借助图表来增加效果；
(4) 要使听众"易听、易懂"；
(5) 口头报告时要充满自信，与听众保持目光交流；
(6) 回答问题时机的把握；

(7) 在规定的时间内结束报告；

(8) 口头报告后，还要请委托方或相关人士仔细阅读书面报告。

【任务拓展】

××楼盘市场调查报告实训

1. 实训目的

通过实训，使学生能够遵循调查工作流程，确定调查目的、调查内容和调查对象，并有针对性地选择调查方法并进行方法组合，选取调查样本，设计调查问卷和调查方案，实施现场调查，并进行资料的整理与分析，最终撰写楼盘市场调查报告。

通过实训，巩固课堂所学知识，提高学生专业技能能力，为学生今后走向工作岗位打下扎实基础。

2. 实训形式

以小组为单位，各小组成员针对本组的样本楼盘，实施调查，结合调查实践和调查资料，进行资料的整理与分析，完成样本楼盘市场调查报告，将其作为本组的实训成果。

3. 实训步骤

(1) 划分小组，分配任务，由组长安排时间，分配任务；

(2) 各组选择、确定样本楼盘；

(3) 各组进行样本楼盘经济环境调查；

(4) 各组进行房地产消费者市场调查；

(5) 各组进行竞争楼盘调查；

(6) 各组对样本楼盘自身条件进行分析；

(7) 调查资料的汇总、整理、分析；

(8) 撰写调查报告；

(9) 小组代表上台进行成果汇报，学生互评、教师点评；

(10) 修改、提交报告成果，电子文档和打印稿各一份。

4. 实训成果要求

(1) 实训成果名称：××楼盘市场调查报告

(2) 实训报告格式

1) 封面：标题、班级、成员、指导教师。

2) 目录

3) 正文

①楼盘概况；

②楼盘经济环境调查

a. 楼盘所在区域宏观经济环境调查。

b. 楼盘所在区域房地产市场调查。

③房地产消费者市场调查；
④竞争楼盘调查
a. 竞争楼盘调查表（手写版、电子版均可）。
b. 竞争楼盘调查分析报告。
⑤样本楼盘自身条件分析
a. 样本楼盘调查表（手写版、电子版均可）。
b. 样本楼盘 SWOT 分析。
c. 给出项目建议。
4）实训过程及体会
①小组成员分工。
②小组每个成员的实训心得体会。
5）附件
①××楼盘市场调查计划书。
②房地产消费者市场调查问卷。
③房地产消费者市场调查统计分析表。

5. 考核要求

（1）调查过程认真，数据真实准确；分析过程细致深入，分工明确；
（2）调查报告思路清晰、资料丰富翔实、分析评价准确得当；
（3）成果汇报体系完整、重点突出、语言流畅、阐述到位。

任务 3
领会房地产项目策划意图

【任务目标】
(1) 理解选择恰当的标准进行市场细分。
(2) 理解在细分市场中选择目标市场。
(3) 能基本描述项目目标客户的群像特征。
(4) 能分析解释项目产品定位方案。
(5) 理解房地产营销组合策略。
(6) 能分析项目定价思路。
(7) 能分析解释项目推广时机的确定。
(8) 能领会项目媒体推广策略。

【任务背景】
陈婷婷完成了研展部的实习任务，经系统的调研对0608地块（后命名为公园壹号）项目的市场情况建立了全面的认识。按实习计划安排她来到了策划部，这一阶段的主要实习任务是领会房地产项目策划意图，为后期项目销售执行做好充分准备，也为销售过程中的信息反馈明确方向。在策划部经理安排下陈婷婷很快加入了公园壹号项目策划小组，本项目采用了现代房地产项目全程策划理念，策划贯穿于房地产开发项目的始终，策划工作大致分为两个阶段：一是项目前期策划，重点在于项目定位；二是项目营销策划，重点在于项目推广策略的制定。以下是她在项目组展开工作学习的情况。

过程 3.1　理解房地产项目定位

房地产项目策划就是运用整合营销的概念，对开发商的建设项目，从观念、设计、区位、环境、房型、价格、品牌、包装、推广上进行整合，合理确定房地产目标市场的实际需求，以开发商、消费者、社会三方共同利益为中心，通过市场调查、项目定位、推广策划、销售执行等营销过程的分析、计划、组织和控制，在深刻了解潜在消费者深层次及未来需求的基础上，为开发商规划出合理的建设取向，从而使产品及服务完全符合消费者的需要而形成产品的自我销售，并通过消费者的满意使开发商获得利益的过程。

房地产项目前期策划通常采用 SWOT 分析法与 STP 模式。在任务 2 中项目组已经运用 SWOT 的方法对 0608 地块项目进行了细致深入分析，清晰了 0608 地块项目的自身客观条件及所处的外部环境，那么如何抓住机会发挥优势、避开威胁淡化或转化劣势成为前期策划的关键，STP 模式便是解决问题的常用方法。

3.1.1　学习房地产项目定位知识

STP 是细分（Segmentation）、目标（Targeting）、定位（Positioning）三个英文单词首字母的缩写，STP 模式是在分析住户需求基础上进行细分市场、选择适当的目标市场、为自己的产品进行价值定位的三大步骤，以确保开发商获得尽可能多的经济效益的最终目标的实现。

1. 房地产市场细分

市场细分是指按照消费者在市场需求、购买动机、购买行为和购买能力等方面的差异，运用系统方法将整个市场划分为若干不同的消费群的市场分类过程。其中，每一个消费者群就是一个细分市场，在各个细分市场内部，消费者的需求具有相似性，而在各个细分市场之间，消费者的需求则具有明显的差异性。

（1）认识房地产市场细分的作用

房地产市场受产品的固定性、资金投入量巨大等因素限制，没有一家开发商会选择整个市场作为目标市场，市场细分对房地产企业有着重要的作用。

1）有利于房地产企业发现和利用市场营销机会，开拓新市场。
2）有利于房地产企业集中利用资源，提高经营效益，有效地与竞争对手相抗衡。
3）有利于房地产企业有针对性地制定和调整营销策略，形成自己的营销特色，提高市场占有率。
4）有利于房地产企业满足不断变化的消费需要。

（2）确定房地产市场细分的标准

房地产市场细分的基础是消费者需求的差异性，形成消费者需求差异性的主要原因是由于消费者的社会经济地位、行为特征和心理性格等因素各不相同，这就引出了市场细分的各种标准。通常可以从住宅市场和生产营业用房市场两个方面来确定市场细分标准。

1) 住宅市场的细分标准可归纳为四类:地理因素、人口因素、心理因素和行为因素。

①地理因素。包括城市状况、区位和环境。按城市状况可分为大城市和小城市,沿海城市和内地城市;按区位的繁华程度分为繁华区、偏僻区、边远区;按区位的功能分布分为商业区、工业区、文化区、教育区、行政区、旅游区等。比如教育区的住宅往往能满足注重子女教育的家庭的需要,商业区的住宅常常是喜爱都市繁华的家庭的理想选择,旅游区的住宅则大多是偏爱自然风光的家庭的首选。

②人口因素。由于消费者年龄、家庭人口、经济收入、文化水平等不同,使他们对房地产产品的面积、房型、质量、档次、环境、风格等均有不同的需求。其细分标准包括家庭人口、家庭经济收入及文化。按家庭人口可分为单身、新婚夫妇、三口之家、多人大家庭;按收入可分为高收入家庭、中等收入家庭、低收入家庭。

③心理因素。包括社会阶层、生活方式、个性、购买动机。以购买动机为例,自住的消费者关注的是住宅的实用价值;以投资为目的的消费者,关注的则是物业的保值、增值即获利性。

④行为因素。包括购买时机、追求利益、购买者状况、品牌忠诚程度、购前阶段、态度等。如根据客户购买频数,通常可将消费者分为首次购买者、二次置业者、经常购买者、潜在购买者和非购买者;按购前阶段分,有的消费者不知道有这种住宅、有的已得到信息、有的感兴趣、有的想买、有的正准备买。因此针对不同的消费者应以不同的产品、采取不同的营销手段满足其需求。

2) 生产营业用房市场除了可以部分采用住宅的细分标准外,根据生产营业用房的特点,其细分标准主要包括最终用户、用户规模。如按最终用户,可将生产营业用房市场分为商业、金融业、文化娱乐业、加工制造业、宾馆业等细分市场;按用户规模,可将生产营业用房市场分为大客户、中客户和小客户市场。

2. 房地产目标市场选择

房地产目标市场是指房地产企业在市场细分的基础上,经过评价和筛选后,决定要进入的那部分市场,也就是房地产企业准备用其产品或服务来满足的一组特定消费者。

(1) 认识房地产目标市场应具备的条件

1) 有足够的规模和良好的发展前景。

2) 具有良好的盈利能力。

3) 符合房地产企业的目标。

(2) 选择房地产目标市场模式

1) 单一人群目标市场模式。指房地产开发商选择一类目标人群集中营销。这类目标市场强调目标人群的单一、专业性,结合这类人的特点量身定做产品。如各地推出的"老年公寓"、"单身公寓"、"大学生公寓"等,这些产品针对特定的人群，特色鲜明，定向展开市场推广。

2）单一产品目标市场模式。即开发商推出一种固定的产品来满足不同类别人群的需求，以不变应万变。相对其他物业而言，这类产品非常专业，只有一种模式，但其目标人群却有几类，各自有自己的需求。如许多城市推出的"SOHO"产品，在50m^2左右面积的户型中，可以满足几种类型用户的需求，有年轻的白领，他们单身或刚刚进入二人世界，有小型公司将其用作办公场所，有投资者购买后用于出租收益。

3）选择性目标市场模式。这是目前房地产项目最为常见的市场选择模式。即房地产开发商有选择地进入若干个细分市场，以不同的产品满足不同人群的需求。如一些大型中高档住宅开发项目，小区内有满足高收入家庭需要的中央别墅，有满足中高收入家庭需要的公寓，公寓设计有二室、三室、四室的不同户型满足不同家庭人口的需要；在小区的周边则布置商业作为配套，既可以为居民的生活提供便利，又可以丰富产品形态，为投资者提供了商业用房市场。

当然房地产企业在选择目标市场时，应综合考虑企业、产品和市场等多方面的因素，根据企业的资源或实力、产品的同质性、市场的同质性、竞争者的市场营销策略及竞争者的数量等因素综合权衡。

3. 房地产市场定位

广义的市场定位，是指通过为自己的企业、产品、服务等创立鲜明的特色或个性，塑造出独特的市场形象，从而确定本企业的市场位置。狭义的市场定位即产品定位，是对产品所施行的市场定位行为，是根据企业现有产品在市场上所处的位置，塑造本企业产品与众不同、有鲜明个性或特色的形象，以适合目标顾客的需要或偏好。

（1）明确房地产市场定位的步骤

市场定位的实质就是企业取得在目标市场上竞争优势的过程。竞争优势是房地产企业定位的基础。房地产企业市场定位的步骤：

1）寻找企业潜在的竞争优势。

2）选择企业的相对竞争优势。相对竞争优势必须能吸引更多的顾客，必须是竞争者没有的，且竞争者通过努力也难以达到的，还必须与房地产企业的目标一致。

3）显示独特的竞争优势。

（2）制定房地产企业市场定位的策略

1）根据产品特色定位。

2）根据利益定位。

3）根据使用者定位。

4）根据竞争需要定位。

5）重新定位。

3.1.2 熟悉公园壹号项目的客源定位

陈婷婷所在的策划项目组将前期调研的资料进行多轮分析研究，并依据细分标准对常州市住宅市场进行了深入的细分，依托项目的自身优势特点，最终顺利完成了公园壹号项目目标客户的锁定和产品定位任务。在掌握了房地产项目定位知识基础上，陈婷婷明白准确地把握客源定位将会在今后销售工作中提高客源积累的效率，为项目的顺利销售奠定基础。

1. 客源区域

经调查分析获知，公园壹号目标客户的主要范围是钟楼开发区内原住居民及市中心、西北、西南三个方向的"挤压"客户群体，具体包括：

（1）长期在本区域内（钟楼开发区）居住的原住户居民，具有较高的经济实力，并有进一步提高居住品质要求的客户群体；

（2）本区域内处于婚嫁年龄段，家庭经济条件较好，欲购置新婚房的客户群体；

（3）在区域内拥有中高收入工作的客户群体，主要包括周边工厂的职工，以及在临近区域工作的中高层白领等；

（4）在钟楼开发工作的政府公务员；

（5）城西地区（如勤业、花园、白云等老住宅区）一些购房能力偏低的群体；

（6）周边郊区（如邹区、新闸、凌家塘、北港等乡镇）想提高居住品质的客户群或拆迁户；

（7）外地来常州发展的年轻人，在市区工作，个人经济收入较好，处于婚嫁年龄段的群体；

（8）考虑公园环境、地段、价格，认可本区域具有升值潜力的长线投资者。

2. 客源特征

产品要求：高品质的社区、漂亮的立面和生态环境景观；

房型需求：紧凑性房型、较低的总价；

年龄特性：比较年轻，70%以上集中在25～38岁之间的中青年群体，易于接受新事物；

市场条件：独立意识较强，渴望有自己的自由的生活；

交通条件：要求（未来）交通便捷，主要以公共交通为主，少部分拥有私家车。

3. 购买用途

常州市房地产市场研究表明，自住在购买用途中占主要比例。但本案地处公园板块，总价不高，且在常州市城区拓展战略和公交优先战略的双重作用下，该房产具有一定的投资升值潜力，因此综合分析本案自住需求约占80%，投资需求约占20%。

4. 购买动机

（1）理想工作生活动线范围；

(2) 希望花较低的成本买到合适的房子；
(3) 改善个人现有居住条件；
(4) 彰显个人品位和生活态度；
(5) 关注城西钟楼区开发，看好楼市发展。

3.1.3 理解公园壹号项目的产品定位

1. 产品主题定位

主题：西城中心 25 万 m^2 公园社区。

三大亮点：

(1) 西城中心：地段是项目的第一卖点。围绕常州市最大生态公园——星湖公园展开的钟楼开发区的建设，使常州城西板块成为以自然和谐为主旋律的新兴城区，是极具发展潜力的生活集中区。公园壹号楼盘则占据了这座新兴城区的中心区域，享有得天独厚的地理优势。它北临钟楼开发区主干道星湖大道，东侧紧靠星湖公园。而且随着政府规划的出台，龙江路高架桥、BRT 二号线等市政项目的建设将带动钟楼开发区板块价值的提升，处于钟楼开发区核心地段的公园壹号，必将是置业安家的不二选择。

(2) 25 万 m^2：中型社区的标准尺寸，小区内设施完备、配套齐全，集居住、购物、休闲、娱乐于一体，让业主充分享受社区概念下的生活配套和花园景观，满足高品质的居住要求。同时又拥有适度规模下的出入快捷方便，紧跟现代生活节奏，营造出一种"出则繁华，入则自然"现代时尚的生活方式。

(3) 公园社区：公园，作为城市不可或缺的组成部分，见证了城市的发展，它更像是一种基因，隐没在城市的血液中。近年来常州市在全国率先开放了所有公园，并大规模开发了一批高品质的公园和绿地，推动了城市公共空间的建设，让城市变得更绿更美，同时又带动了公园周边地产的发展，也成就了"公园＋地产"的模式的辉煌业绩。在公园旁安个家成了时尚和潮流，更成了现代常州人的居住理想，公园社区概念定位易于推广。

本案周边项目基本都以生态自然、生活化以及产品特色为主推方向，虽然周边楼盘资源比较相近，但本案拥有最优势的公园景观概念，且设计最适合年轻人居住的紧凑房型，因此将景观概念与年轻时尚的生活概念相结合，确定为本案的主题定位。西城中心 25 万 m^2 公园社区，以消费者为导向发出直击心灵的召唤，话语简短易记，内涵丰富，激起共鸣！

2. 产品定位支撑

(1) 环境：现代人追求更广阔的生活空间，更优美的景观，更清新的空气环境，更多的阳光生活，更大的绿化空间，外部天然氧吧星湖公园近在咫尺，内部花园式小区伴有优雅的组团景观，真正的双公园满足业主现代人居环境要求。

(2) 健康：现代人注重健康的生活，良好的通风采光户型、丰富的运动休闲活动空间和健身娱乐设施是住户健康生活的保障。

(3) 时尚：时尚是时代的音符，是青春活力的展示，从居住理念、建筑风格、景观设计等方面充分运用时尚元素提升楼盘品质。

（4）交通：现代人高效的工作方式，决定了人们不喜欢把时间和金钱浪费在上班的路上。便捷的公交、通畅的道路、离市区合理的车程，完全符合业主工作的要求。

（5）性价比：理想化的东西总是让人付出很大的代价来获得，而公园壹号理念是付普通房价，住景观洋房，物有所值、物超所值，让购房人感到意外的惊喜。

3. 产品建议

（1）案名：公园壹号

命名理由：

1）顾名思义，公园壹号首先突显了项目公园地产的特色。楼盘是居家生活的载体，选择了楼盘便拥有了楼盘周边的环境，也就意味着选择了一种生活方式，以公园命名传递了楼盘自然、和谐、舒适、健康的环境和人居理念，满足了目标客源对现代美好生活的需求。并且与"西城中心25万 m^2 公园社区"项目主题定位保持一致，既能起到画龙点睛的作用，又可以达到反复强化的效果。

2）"壹号"，即NO.1，意味着最好。"壹号"让本案在星湖公园周边众多楼盘中脱颖而出，胜人一筹，突出了优越的地理位置；"壹号"寓意着项目的设计与建造质量、楼盘形象品质的一流水准，提升了项目的知名度和美誉度，也尽显了购房人对至臻人生的不懈追求；"壹号"还采用了传统的门牌号码命名，给人以家的温馨和归属感；大写的"壹"字也折射了楼盘的中华文化内涵和审美价值情怀。

3）"公园壹号"命名简约、通俗，琅琅上口，好念、好听、好记。正可谓简约而不失品位，通俗却不落俗套，让人耳目一新。这样的案名会强化客户的第一印象，铭记于心，且在整个看房、选房，甚至最后签约过程中，都会起到一种潜移默化的导向作用的影响力，便于项目的营销推广和传播。

（2）规划布局

小区地块方正，采用环形路网结构，沿主路外侧周边错落有致地布置了12栋建筑，形成了东南西北四个方位组团，沿主路内侧布置4栋建筑构成正圆形的中心景观组团，五大组团实现了围合与通透的有机相融，呈现出华夏文明"天圆地方"的审美取向，用科学艺术的手法打造以人为本的生活空间。

建议在保证容积率的基础上，最大化地扩大绿化面积。小区内部以中心水景为景观核心，运用组团绿化的概念，强调景观共享的设计理念，结合规划结构框架，采用与之相得益彰的几何形态的景观设计手法，既要形成整体对称形态的强烈视觉冲击，又应强调细节设计上的丰富变化；既布置大气的圆形中心绿化，又有小桥流水般中式园林的古朴细致，从而使整个社区也形成一个如同公园般的景观格局。

小区采用人车分流的道路设计，在考虑整体概念性规划的同时，应突出运动休闲场所设施和商业配套，既要考虑社区本身的生活机能随开发进程逐步成熟，又要避免开发过程中无特色的重复配套建设，以提高产品竞争力和塑造目标客层的认同感。

(3) 建筑

鉴于前述的产品定位,综合分析常州市目前住宅市场发展的趋势和国家房地产政策,建议本案采用高层建筑设计形态。建筑风格需体现现代时尚,色彩明快、构图丰富、略显张扬的风格符合目标客层的喜好。单体应采用大开间、短进深的全明设计,270°步入式景观飘窗的设计既可增加空间利用率,收景纳光,开阔人生视野,同时弧线设计能改变建筑外立面的单调与死板,与中心景观弯曲的水域和谐共生。

(4) 户型配比

根据市场需求调查和客层分析,本案主力面积定位在 90m² 以内的两室两厅,并搭配 90～120m² 的三房及少量四房,户型配比分析如表 3-1 所示。既满足目标客层的居住需求,又成功避免了产品的单一性。应遵循实用性原则,设计较为新颖且实用的房型,并提高得房率。

公园壹号一期户型配比分析表　　表 3-1

户型类型	面积范围（m²）	配比（%）
两房两厅一卫	≤90	50
三房两厅一卫	90～120	35
三房两厅双卫	120～130	10
四房两厅双卫	≥130	5

(5) 智能化设施

根据项目定位,智能化设施既要满足客层的现代时尚需要,作为品质社区的重要支撑,同时又要兼顾成本,则建议考虑实用的小区智能化系统加以应用,如小区安防系统、单元门可视对讲、智能一卡通、燃气报警器等。

(6) 物业管理

消费者购买住宅便选择生活方式,不仅希望楼盘本身具有各种良好品质,更要求居住的过程中有一个长期优质的服务。建议聘请经验丰富的知名物业公司担当物业服务,以贴心、细致、人性化的服务,全方位满足高层次的生活需求,以物业的品牌提高项目的档次、提升项目的品质,维持楼盘高品质的延续,并实现楼盘的保值和增值。

过程 3.2　知晓房地产项目营销策略

在公园壹号项目的前期策划阶段,陈婷婷对项目定位有了深入的理解,清晰地认识到本项目的目标客源所在,并明白项目应该以怎样的产品姿态去尽量满足目标客户的需求。随着项目的推进,项目进入了营销策划阶段,策划组正在全力以赴地开展项目的营销策略制定工作,陈婷婷知道此时她必须透彻理解项目每一项营销策略，以便在今后的销售工作中更好地贯彻实施策划意图，以保证项目形象的完整统一。

3.2.1 学习房地产营销组合策略知识

房地产项目定位后，要想顺利地完成市场最后惊险的一跃，实现产品交易的完成，必须制定相应的营销策略。产品（Product）、价格（Price）、分销渠道（Place）和促销（Promotion）四大策略，简称为4P策略，是房地产市场营销活动的核心内容，它们之间相互关联，相互作用，因此应结合项目实际情况综合运用4P策略，制定房地产营销组合策略，以便更好地开展房地产营销工作，提高企业的综合效益。

1. 产品策略

房地产企业的市场营销活动应以满足顾客需要为中心，而满足顾客的需要只能通过提供某种房地产产品和服务来实现。房地产企业只有提供满足消费者需要的房地产产品和服务并令消费者满意，才能实现获取利润的目标。

房地产产品策略，就是房地产企业为了实现企业的经营目标和营销目标，根据消费者需求为市场开发、建设房地产产品所采取的所有对策和措施。产品策略是房地产市场营销组合中首要的和最重要的因素，是制定房地产价格策略、销售渠道策略和促销策略的基础，是市场营销组合策略的核心。

(1) 房地产产品的概念

运用产品策略必须明确产品的概念。狭义上，人们通常将产品理解为具有某种物质形状，能提供某种用途的物品。广义上，产品是指能够提供给市场，用于满足人们某种欲望和需要的任何东西。包括实物、服务、场所、设计、软件、意识、观念等各种形式，亦称产品的整体概念。它包含核心产品、形式产品和延伸产品三层含义。

房地产核心产品指能满足消费者的基本利益和使用功能的房地产产品。它是房地产产品最基本的层次，是满足消费者需要的核心内容。具体包括：满足生活居住、办公及生产经营需要、投资获益等需要。形式产品是核心产品所展示的全部外部特征。具体包括：房地产的区位、质量、外观造型与建筑风格、建筑材料、色调、名称、建筑结构与平面布局、室外环境等。延伸产品即附加产品，是指消费者通过房地产产品的购买和使用所得到的附加服务以及附加利益的总和。一般表现为房地产产品销售过程中的信息咨询、房地产产品说明书、按揭保证、装修、代为租赁以及物业管理等。

(2) 房地产产品的类型

1) 土地。从事土地开发的房地产企业从土地一级市场获得"生地"或"毛地"，经过"三通一平"或"七通一平"，将土地开发成"熟地"，进入土地的二级市场流通。

2) 居住物业。居住物业是指供人们生活居住的建筑，它包括普通住宅、公寓、别墅等。居住物业作为满足人类居住需要的建筑物，在城市建设中所占比重最大。

3) 写字楼。写字楼是一种供机关、企事业单位等办理行政事务和从事业务活动的建筑物，也称办公大楼。写字楼一般由办公用房、公共用房、服务用房三部分组成。写字楼从结构看可分为两种类型。一种是商住两用写字楼，另一种是纯商业性的写字楼。

4) 商业物业。商业物业是进行商品交换和流通的建筑物和场所。它包括专卖商店、商场、百货商店、批发商店、商品交易中心、超级市场、地下商业街、购物中心等。

5) 工业物业。工业物业是为工业生产提供活动空间的物业。它包括厂房、仓库、堆场等。

6) 旅馆、酒店。它是为旅客提供住宿、饮食服务以及娱乐活动的公共建筑。类型可分为旅游旅馆、酒店，会议旅馆、酒店，汽车旅馆和招待所等。

7) 高层建筑综合体物业。所谓综合体物业，又称"建筑综合体"，是由多个功能不同的空间组合而成的建筑。

8) 特殊物业。特殊物业主要有娱乐中心、赛马场、高尔夫球场、汽车加油站、停车场、飞机场、车站、码头等物业。

在现代市场经济条件下，每一个房地产企业都应致力于产品结构优化，及时开发新产品，满足市场新需要，提高企业竞争力，取得良好的经济效益。

2. 价格策略

房地产价格是指在房屋建造、建设用地开发及经营过程中，凝结在房地产商品中的物化劳动和活劳动价值量的货币表现形式。它是由土地开发使用费、勘察设计费、房屋建筑安装工程费、经营管理费、利润和税金组成。

(1) 定价方法

1) 成本导向定价法。成本导向定价法是以产品单位成本为基本依据，再加入预期利润来确定价格的定价方法，是房地产企业最常用、最基本的定价方法。

由于房地产成本的形态不同，以及在成本基础上核算利润的方法不同。成本导向定价法又衍生出了总成本加成定价法、目标收益定价法、边际贡献定价法、盈亏临界点定价法等几种具体的定价方法。

2) 需求导向定价法。需求导向定价是指以需求为中心，依据买方对产品价值的理解和需求强度来定价，而非依据卖方的成本定价。其主要方法有理解价值定价法和区分需求定价法。

理解价值也称"感受价值"或"认识价值"，是消费者对于商品的一种价值观念，这种价值观念实际上是消费者对商品的质量、用途、款式以及服务质量的评估。理解价值定价法的基本指导思想：认为决定商品价格的关键因素是消费者对商品价值的认识水平，而非卖方的成本。

区分需求定价法又称差别定价法，是指某一产品可根据不同需求强度、不同购买力、不同购买地点和不同购买时间等因素，采取不同的售价。

3) 竞争导向定价法。竞争导向定价是企业为了应付市场竞争的需要而采取的特殊的定价方法。它是以竞争者的价格为基础，根据竞争双方的力量等情况，制定较竞争者价格为低、高或相同的价格,以达到增加利润,扩大销售量或提高市场占有率等目标的定价方法。竞争导向定价有随行就市定价法、追随领导者企业定价法两种方法。

(2) 价格策略

1) 折让定价策略。主要有现金折扣策略、数量折扣策略、季节折扣策略和职能折扣策略。

2) 心理定价策略。主要有尾数定价策略、整数定价策略、声望定价策略和组合定价策略。

3) 差别定价策略。主要有根据同一楼盘中不同单元的差异制定不同价格、对不同的消费群体定不同的价格、对不同用途的商品房定不同的价格。

3. 分销渠道策略

分销渠道是指产品或服务在其所有权转移过程中从生产者到消费者的途径或通道。

(1) 直接分销渠道和间接分销渠道

直接分销渠道是指开发商直接把商品销售给购房者,而不通过任何中间环节的销售渠道,简称直销或自销。间接分销渠道是开发商通过中间商销售商品的渠道。

(2) 长渠道和短渠道

长渠道是指开发商利用两个或两个以上的流通环节来销售商品的渠道。短渠道是指房地产在从开发商向消费者转移的过程中,不经过中间商环节或只经过一个中间环节的渠道。

(3) 宽渠道和窄渠道

开发商在销售渠道的同一层次或环节使用的中间商越多,销售渠道就越宽;反之,渠道就越窄。根据销售渠道宽窄的不同,房地产企业可以做出三种选择:通过较多中间商销售的密集分销;选择一些条件较好的中间商销售的选择分销;仅选择一家经验丰富、信誉卓越的中间商销售的独家分销。

4. 促销策略

房地产促销是指房地产营销人员通过各种方式将有关企业以及产品的信息传播给消费者,影响并说服其购买该企业的产品或服务,或至少是促使潜在顾客对该企业及其产品产生信任和好感的活动。房地产促销的实质是信息沟通活动,房地产促销方式有四种(表 3-2、表 3-3)。

(1) 广告。广告是房地产企业用来直接向消费者传递信息的最主要的促销方式,它是企业通过付款的方式利用各种传播媒体进行信息传递,以刺激消费者产生需求,扩大房地产租售量的促销活动。主要有报纸、电视、广播、户外、网络等形式。

(2) 人员推销。它是最古老的一种促销方式,是房地产企业的推销人员通过与消费者进行接触和洽谈,向消费者宣传介绍房地产商品,达到促进房地产租售的活动。如现场销售、上门推销等。

(3) 营业推广。又称销售促进,是指房地产企业通过各种营业(销售)方式来刺激消费者购买(或租赁)房地产的促销活动,如各类打折、买就送等活动,即除了人员推销、广告和公共关系以外的,能迅速刺激需求、鼓励购买的各种促销方式。

(4) 公共关系。公共关系促销是指房地产企业为了获得人们的信赖,树立企业或房地产产品的形象,用非直接付款的方式通过各种公关工具所进行的宣传活动。如各类冠名、赞助、公益活动等。

【相关链接】

房地产促销方式分类 表 3-2

广告	人员推销	营业推广	公共关系
报纸广告	现场推销	价格折扣	新闻报道
杂志广告	上门推销	以租代售	庆典方式
电视广告	电话推销	先租后售	捐赠
广播广告	销售展示	赠品	公益活动
网络广告	销售会议	样板房展示	研讨会
户外广告		展销会	年度报告
传单广告		交易会	赞助
邮寄广告		不满意退款	公司期刊
标语广告		按揭贷款	
广告牌		低息贷款	
招贴广告		附送橱柜	

四种促销方式的主要特点 表 3-3

促销方式	优点	缺点
广告	传播面广,传播及时,形象生动,节省人力	单向信息沟通,难以形成即时购买
人员推销	直接信息沟通,针对性强,灵活多变,成交率高,建立友谊,反馈信息	占用人员多,费用高,接触面窄
营业推广	刺激性强,短期效果明显	接触面窄,有局限性,不能长期使用,有时会降低商品身份
公共关系	影响面广,影响力大,可信度高,提高企业知名度,树立企业形象	设计组织难度大,不能直接追求销售效果

3.2.2 知晓公园壹号项目的价格策略

在项目营销过程中,价格因素起着重要的作用。定价的高低关系项目利润的多少,决定销售成功与否。

1. 总体定价策略

从房地产企业定价主要目的来看,房地产企业总体的定价策略一般可分为低价策略、高价策略、中价策略。综合考虑公园壹号项目地处开发新区实际状况，以及目标客层对总低价的需求和项目定位分析，为了迅速打开销路，项目组决定采用中等价位策略。

2. 营销过程定价策略

在实际销售中，市场营销环境可能相当复杂多变，房地产企业往往需要在确定总体定价策略后，根据实际情况确定从预售开始到售完为止的全营销过程的营销策略。定价策略通常有低开高走、高开低走、稳定价格三种策略。公园壹号策划项目组分析了各自的特点。

（1）低开高走定价策略

低开高走定价策略就是随施工建筑物的成形和不断接近竣工，根据销售进展情况，每到一个调价时点，按预先确定的幅度调高一次售价的策略，也就是价格有计划定期提高的定价策略。这种策略是较常见的定价策略。这种定价策略多用于期房。

其优点：

1）低价开盘吸引客户，便于快速成交，这不但意味着企业创利的开始，而且还能鼓舞士气，促进良性循环。

2）每次调价能造成房地产增值的假象，给前期购房者以信心，从而能进一步形成人气，刺激有购房动机者的购买欲，促使其产生立即购房的想法。

3）低价开盘，价格的主动权在开发商手里，便于日后的价格控制。

4）成交带来资金流入，便于内部周转，加速资金回笼。

其缺点：

1）首期利润不高。

2）楼盘形象难以提升。

适用于项目产品的均好性不强、特色不明显，或楼盘的开发量相对过大，或绝对单价过高，超出当地主流购房价格，或市场竞争激烈、类似产品过多等情况。

（2）高开低走定价策略

高开低走定价策略类似"吸脂定价策略"，正如将一锅牛奶中的油脂（精华）部分一下子撇走的做法。其目的是开发商在新开发的楼盘上市初期，以高价开盘销售，迅速从市场上获取丰厚的营销利润，然后降低销售，力求尽快将投资全部收回。

优点：

1）便于获取最大的利润。

2）便于树立楼盘品牌，创造企业无形资产。

缺点：

1）若价位偏离当地主流价位，则资金周转相对缓慢。

2）日后的价格直接调控余地少。

（3）稳定价格策略

这种价格策略是指在整个营销期间，楼盘的售价始终保持相对稳定，既不大幅提价，也不大幅度降价。

经过公园壹号项目组的讨论，综合考虑周边楼盘竞争激烈、外来开发商等因素，决定采用"低开高走"的策略。在先期以低价打开市场、形成人气后，借助楼盘的品质和区位优势，不断提高价格。当然提价策略必须有产品策略的配合，即高价需要理由，因此早期推出景观位置一般的楼栋实行低价，建议第一期入市价格定在 3800 元/平方米左右，接着再推出紧邻公园、景观位置好的楼栋实行调价政策，价格可调至 4000 元/平方米左右。具体价格的走势应根据项目的实际销售状况并配合销售周期进行合理调整。

低开高走价格策略的运用关键，是掌握好调价频率和调价幅度，以小幅多次调高价格为宜，这样开发商可以很好掌握市场控制主动权。倘若低价开盘后，价格调控不力，出现单价升幅过大，或者升幅节奏过快等情况，都可能对后续到来的客户造成一种阻挡，从而造成销售呆滞的局面，不但让原先设定利润落空，而且会抵消已经取得的销售佳绩。一般每次涨幅在 3% 左右，且调价新近几天，可以适当折扣策略，作为价格局部过渡，有新生客源流时，再撤销折扣。同时提价后要加大对已经购买的业主的宣传，让其知晓所购物业已经升值，且向亲戚朋友宣传，起到口头传播的作用，从而造成项目升值不断的销售气氛。提价不仅要精心策划，还要高度保密，才能收到出奇制胜的效果。

3.2.3 知晓公园壹号项目推广时机策略

1. 开发分期

公园壹号项目总量为 16 栋高层 25 万平方米，据预估项目开发周期大约为 3～4 年，建议分三期开发。地块北侧紧邻星湖大道的 6 栋建筑为开发一期，地块南侧的 6 栋建筑为开发二期，中央景观地块 4 栋建筑为三期，这样的分期既能体现规模的适度性，又能更好配合低开高走的价格策略，以实现项目总体价值、利润最大化。在三期中也可以结合市场销售及开发进度再细分期，每期都应以酝酿、开盘、强销、持续四个步骤执行，前一期为下一期积累客户，通过开盘引爆，达到快速销售的目的。

2. 开盘时点

开盘时间：2007 年 9 月初。

建议理由：

（1）对于常润公司这样一个外来开发商而言，需要充足的时间来向常州市消费者证明自己的实力，打消消费者对开发商的疑虑。

（2）对于公园壹号项目本身，也需要充足的时间向常州市消费者展示，售楼处、销售样板建设与工程进度推进都需要一定的时间。

（3）按楼盘销售惯例，大凡开盘火爆的项目至少要经历 3～6 个月的蓄水期。

（4）地产界素有"金九银十"之说，在秋高气爽的九月开盘，可以在购房旺季抓住市场机遇，抢占市场份额。

（5）从市场竞争来看，选择这个时间开盘可以避开周边一些公园地产的新竞争对手,尽早确立产品的市场地位。

3.2.4 知晓公园壹号项目媒体推广策略

媒体推广策略原则为:以多渠道立体式媒体组合与目标客户有效沟通。具体策略采用以户外广告为主,结合推广节奏配合报纸广告为辅,电视台、电台、短信、直邮等予以补充。

1. 户外媒体

抢占区域户外优势是关键。一方面区域内竞争激烈,大众媒体的传播效果几乎相同,如果要获得更好的效果就要付出更大营销费用,而区域户外的优势使传播效果事半功倍,这也是以客户为导向的营销模式的具体执行,是最有效的与客户的沟通方式之一;另一方面本案的目标客户区域比较集中,所以在媒体选择上,区域户外媒体尤其重要,能长期有效的起到良好的宣传效果。

通往本区的交通要道是布置户外的关键地点,建议在钟楼开发区的主干道星湖大道、往市中心方向、西北方向及西南方向分别设置鲜明醒目的户外广告;再充分运用现场销售中心的整体时尚设计包装、绿色景观的展示,以及施工现场的大面积围墙广告、精神堡垒等与之相呼应,通过强烈的视觉冲击,占尽紧邻公园人流集中的有利条件,使公园壹号在周边公园地产竞争项目中引人注目,达到先入为主、迅速传播的推广效果。

2. 大众传统媒体

平面媒体:报纸是常州市主流地产媒体,其时效性强,传播速度快,在项目形象期及销售过程当中都是必不可少的主要宣传媒介之一。建议的媒体有:常州日报、扬子晚报及现代快报。

电视媒体:大众媒体之一,有声有色,传播效果较为直观,在形象期主要以项目动画作形象广告,后期在实景营销阶段应用较多,建议可以分阶段使用。建议选用媒体:常州电视台房地产专栏。

电台广播:费用较低,比较受打车及自驾车客户欢迎,可以作为阶段性辅助媒体使用。建议选择媒体:常州交通台及新闻台。

网络媒体:在常州比较流行的新型媒体之一,受众层次及数量明显高于全国其他同级城市,也是目前常州房地产通常采用的一种配合媒体,本案目标人群年龄层次较轻,也是网络媒体的主要受众。建议选用媒体:搜房网与常州房地产信息网。

3. 新兴小众媒体

直邮:目标明确,以居住及工作区域为原则划分,直达受众,本案客户区域性比较明确,建议配合使用。

短信:即时性强,速度快,范围广,费用较低,可以用于活动的及时告知和提醒,建议配合使用。

4. 其他形式媒体

横幅、路旗、体验场及其他相关媒体作为开盘等重大节点辅助手段使用。

【任务拓展】

××楼盘营销分析报告实训

1. 实训目的

在市场调研的基础上，阐述样本楼盘的客源定位、产品定位以及营销策略的运用，并加以分析评价，从而学习领会房地产项目策划意图，为今后从事房地产销售工作打下良好的基础。

2. 实训形式

以小组为单位在市场调研的基础上，完成样本楼盘营销分析报告。

3. 实训步骤

（1）对样本楼盘项目进行市调，查询相关资料；

（2）制作完成样本楼盘营销分析报告的PPT；

（3）每小组派代表进行成果汇报；

（4）同学互评、教师点评；

（5）修改报告，提交报告成果，电子文档和打印稿一份。

4. 考核要求

（1）调查分析过程细致深入，分工明确；

（2）分析报告思路清晰、资料丰富翔实、分析评价准确得当；

（3）成果汇报体系完整、重点突出、语言流畅、阐述到位。

附：××楼盘营销分析报告

1. 封面：标题、班级、成员、指导教师

2. 目录

3. 正文

（1）楼盘概况；

（2）楼盘营销环境分析；

（3）SWOT分析；

（4）项目定位分析评价；

（5）营销策略分析评价。

4. 实训过程及体会

（1）小组成员分工；

（2）实训的过程记录；

（3）小组每个成员的实训心得体会。

任务 4

房 地 产 销 售

【任务目标】

(1) 了解项目整体销售计划。
(2) 能协助布置售楼现场、准备销售文件及道具。
(3) 了解销售人员管理。
(4) 会分析客户心理,判断客户真伪及购买能力。
(5) 会规范地接待客户、推介楼盘并进行深入洽谈。
(6) 会建立客户资料信息库。
(7) 会追踪客户。
(8) 会解释房价的计算,能根据客户需求拟订购房计划、计算按揭还款,指导客户付款。
(9) 会签订购房协议书及合同。
(10) 会通知收楼,并协助办理产权。
(11) 了解房地产销售软件。

【任务背景】

公园壹号项目即将进入销售推广执行阶段,项目销售经理正在组建团队,陈婷婷主动要求加入,因一直参与该项目前期工作,对项目比较熟悉,公司同意她调入销售部。陈婷婷来到了销售部,这里是她的目标岗位。陈婷婷信心百倍地投入到项目销售工作,从开盘前的准备,到销售阶段的接待洽谈、最终的签约以及资料的整理,她抓住机会学习,熟悉流程、领悟技巧、积累经验,认真接待每一位客户,细心处理每一个工作环节,在学习、实践、反思中不断进步,快速成长,凭借她踏实的工作作风、扎实的专业基础、良好的语言沟通能力,陈婷婷很快就脱颖而出,工作表现得到销售经理的认可,公司已决定正式录用她。在自己勤奋努力下,陈婷婷终于成为日晟公司的一名真正的置业顾问,拥有了自己心爱的工作。以下是她在销售部期间整个学习工作过程。

过程 4.1　房地产销售准备

公园壹号项目销售工作开始启动,陈婷婷作为项目销售的先遣部队成员之一,其主要工作是协助项目销售经理开展销售的准备工作,这期间工作可谓面广量大,需要与策划、施工等多方配合协调,陈婷婷受益颇丰,工作能力得到了锻炼。作为一名置业顾问,这期间她还参加了销售人员的项目培训,系统的训练提高了她的专业能力,增强了她的自信心。

4.1.1　了解项目整体销售计划

房地产销售计划又称房地产销售策划,一般指项目销售阶段划分及促销策略怎样安排,项目的销售价格怎么走,如何宣传造势等,是计划的一种。简单而言,房地产销售计划与项目营销策划的区别在于项目营销策划是"纲",销售计划则是"目","纲"举才能"目"张。

1. 房地产销售计划的基本内容

(1) 销售现场准备;
(2) 销售代表培训;
(3) 销售现场管理;
(4) 房号销控管理;
(5) 销售阶段总结;
(6) 销售广告评估;
(7) 客户跟进服务;
(8) 阶段性营销方案调整。

2. 房地产销售计划的工作步骤

(1) 项目研究:即项目销售市场及销售状况的研究,详细分析项目的销售状况、购买人群、接受价位、购买理由等。
(2) 市场调研:对所有竞争对手的详细了解,所谓"知己知彼、百战不殆"。
(3) 项目优劣势分析:针对项目的销售状况作详尽的客观分析,并找出支持理由。
(4) 项目再定位:根据以上调研分析,重新整合所有卖点,根据市场需求,作项目市场定位的调整。
(5) 项目销售思路

1) 销售手法的差异性。这是要与其他楼盘的营销手法区别开来，避免盲目跟风。

2) 主题思想的统一性。在广告宣传上，不管是硬性广告还是文字包装，都要有一个明确而统一的主题。一个大主题可以分解为若干个小主题，小主题内容可以不一样，但都是为说明大主题服务的。

3) 操作手法的连贯性。首先是操作思想不能断、前后不能自相矛盾。其次是时间上不能断，两次宣传间隔的时间不能太长。

3. 销售阶段的划分及其营销目的

房地产销售的阶段性非常强，如何把握整体冲击力、弹性与节奏、步骤与策略调整，体现了操盘者的控制局面的能力，同时也决定了整体胜负。根据市场销售规律、工程进度及形象配合等因素，通常将房地产销售分为以下几个阶段（表4-1）。

房地产项目销售分期表 表4-1

阶段	营销目的	主要工作内容	时间	累计销售量大约
蓄势期	因项目尚不具备销售条件，重点对项目主要卖点进行宣传，树立形象，建立项目知名度和客户认知度；对市场进行试探，了解客户需求和心理价位，收集市场对项目的意见，并有针对性地调整开盘推广策略；获得部分买家先期预定，为开盘引爆市场积累客源	1. 售楼中心建立完成； 2. 销售物料准备； 3. 销售人员的确定与培训； 4. 排定媒体、展示、活动计划并逐步深入； 5. 预告开盘日期； 6. 来人来电统计及追踪； 7. 定向告知既有客户； 8. 完成系列调整工作	开盘前2～3个月	10%～20%
开盘期	全面市场展现，通过主流媒体以强大的宣传攻势，使其成为焦点，短期内吸引尽可能多的买家成交；与前期积累客户集中签约，实现开门红	1. 开盘仪式活动； 2. 销售现场、施工现场营造； 3. 前期客户集中签约； 4. 来人来电过滤；	开盘后第1～第2个月	
强销期	通过不同卖点的宣传以及灵活的促销方式，吸引不同需求买家，建立销售强势地位，扩大市场认知度，促使客户从认知到认同再到购买的转变	5. 价格策略启动，销控单位推出，调整产品结构； 6. 宣传推广工作系统持续跟进，保持热销； 7. 制造市场热点，树立项目品牌形象； 8. 充分掌握各种情况发展		40%～50%

续表

阶段	营销目的	主要工作内容	时间	累计销售量大约
持续销售期	持续维持市场竞争力,争取大批前期未购客户成交,保持项目良好的销售势头;做好尾盘(二期)销售的准备	1. 未购客户追踪; 2. 以各种优惠促成老业主带动新客户; 3. 继续宣传推广,延续市场形象; 4. 挖掘房源个性进行销售	开盘后第3~第6个月	70%~80%
尾盘期	挖掘销售潜力,实现完美销售;完善后期服务	加大促销力度,促使潜在客户下决心购房	开盘后第7~第9个月	90%~95%

注:以销售期为一年的项目划分。

【婷婷文件夹】

公园壹号项目一期整体销售计划

一、销售阶段的划分

(1) 准备期(2007年3~5月)。
(2) 蓄势期(2007年6~8月)。
(3) 公开期(2007年9月)。
(4) 强销期(2007年10~11月)。
(5) 持续期(2007年12月~2008年4月)。

二、准备期的销售计划

1. 人员构成及专案组成立

由公司决定,组建时间约为1~3周。

(说明:房地产销售代理公司由于可能同时代理1个以上楼盘,因此将所接楼盘项目称为"案",将楼盘的销售中心称为"案场",并成立各楼盘项目的"专案组",其"专案"的职位称呼相当于房地产开发公司的"项目销售经理"的职位。)

专案组的构成:专案、副专案、销售助理、组长、售楼员、客服专员(图4-1)。

2. 人员招聘及系统培训

专案联系并负责,为期1~2个月。

对于项目的销售主管、售楼员、客服专员由公司统一面试招聘,择优录取。

培训的安排:

(1) 由项目分管副总进行公司的介绍及公司文化方面的培训(1~2课时)。
(2) 由公司总部调派专业人员以及对外聘请有关专业人员进行基础培训,其中包括仪容仪表、人际交流、消费心理等(1周左右)。
(3) 根据各部门的分工,分类进行培训,加强新员工的专业度,提高自身的

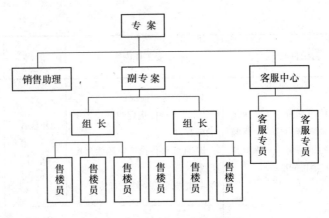

图 4-1　公园壹号专案组构成图

专业素质。

(4) 1～2 个月带教培训。

3. 市场调查

组长负责，为期 1～2 周。

只有掌握了周边市场及竞争项目的具体情况，才能出色完成项目的销售工作。根据市场调查，指导本项目的价格制定。整个市场调查工作，除了需要在前期进行周密市场调查之外，整个市场调查工作贯穿于整个销售过程中，案场会在各个阶段不间断地对周边市场进行调查，以便取得第一手市场信息。

4. 销售中心的选址、设计

专案负责，策划部配合，为期 1～2 个月。

5. 配合开发公司完善规划及设计

专案负责，以规划设计时间而定。

6. 收集销讲资料

副专案负责，为期 20～30 天。

销讲资料用于对售楼员的培训，通过销讲资料可以使售楼人员充分了解该项目的具体情况，包括工程知识、抗性说辞、优势说辞、贷款知识等，使售楼员在以后的接待过程中能统一说辞，充分体现出专业度。

7. 销讲编制

专案负责，为期 2～3 周。

三、蓄势期的销售计划

1. 制订当月营销计划

专案负责，为期 1～2 周。

在销售过程中，以月为单位，定期对案场的来人、来电、媒体反应、成交量及成交客户特征进行数据统计分析。根据上月情况，确定下阶段的推介重点与销量预估。对房源进行销控、对媒体安排进行调整、对价格进行调整，保证整个销售工作的顺利开展。

2. 人员上岗销售培训

专案负责，为期2～3周。

在公开期前应对各岗位人员进行培训与考核，售楼员应熟练掌握案场销售流程的每个细节以及本项目产品的优缺点与抗性。首先自己对将要销售的产品有综合的了解甚至深知其抗性与缺点，其他岗位人员应充分了解自己所处岗位的作用与工作职责，案场所有人员在蓄势期都应对公司、案场各项规章制度有相当的认同、了解并落实到每天的工作中。案场专案在蓄势期应每隔2～3天对各岗位人员的基本工作职责进行抽查，每天在日常工作中留意各人员的工作规范，发现问题应及时指出纠正。

3. 销售流程制定、模拟演练

副专案负责，为期2～3周。

流程：

迎客—介绍—工地—洽谈—成交。

客户到—欢迎参观—寒暄—环境—模型—入座—样板房—入座—付款方式—喊控台—成交。

以上流程在蓄势期让售楼员掌握了解并熟知熟练操作，每两天模拟演练一次。在每个细节上都做到尽善尽美，在不足之处加以强化，以求公开发售后每天销售的顺畅进行。

4. 销控表制作

副专案负责，为期1～2周。

根据项目平面图及可售套数和实际位置制作销控表。一张准确的销控表是决定个案能否顺利销售的关键。只有准确地做好销控表，才能在实际操作中避免一房两卖等情况的发生。

5. 价目表编制、付款方式确定

专案负责，为期2周。

价目表制作：依据财务部提供的成本价及各项前期费用以及预计利润，确定整个个案的总价金额及均价，依照各户位置、楼层、大小等经济指标进行价目表制作。

根据实际情况及公司资金情况确定付款方式。

6. 销售道具制作

专案负责，为期4～6周。

销售现场的模型、灯箱、展板、楼书、夹报、名片、销售人员的销讲夹、计算器、镭射笔、销售桌椅等购买与制作。销售道具的准确合理使用能使销售工作取得事半功倍的效果。

7. 销售文案表格编制

销助负责，为期1周。

销售文案表格包括营业日报表、营业周报表、综合周报表、综合月报表、月销售报表、排班表、月签到表、月签到统计表、人事行政报表等。以上报表需销售助理每日、每周、每月按时完成存档并传真至相关部门，以便于公司各部门了解销售情况作出对应的调整以及策划部门选择媒体方向。

8. 财务部协调，财务人员培训

副专案负责，为期1～2周。

与财务部建立表单联系方式、优惠确认方式、资金回笼表和贷款银行联系单。对现场收款人员进行房地产基础知识的培训以及财务制度的培训。

9. 策划部门负责事宜

策划部负责，为期2～3月。

(1) 产品包装手法；
(2) 媒体总精神确立；
(3) 案名、LOGO设计；
(4) 媒体计划；
(5) 广告预算；
(6) 分阶段广告策划重点；
(7) 对外媒体主题及发布。

四、公开期的销售计划

1. 现场接待销售执行

专案负责。

明确分工，确定工作范围。

(1) 对案场售楼员进行分组。
(2) 以组为单位安排轮流接待。
(3) 统一整个销售流程，有效提高销售力度。
(4) 统一售楼员的说辞，提高可信度，增强客户的信任度。
(5) 贷款方面有关的政策、收费等知识的培训。

2. 媒体表现信息反馈

销助统计。

根据营业日报表、周报表以及月报表的相关数据，销助每月整理统计来电、来人。将统计数据存档并反馈给策划部门，便于后阶段媒体的选择和SP（现场促销）活动方案的制定。

3. 价格承受度反馈

销助统计。

根据营业日报表、周报表以及月报表的相关数据，销助每月整理统计已购客户集中于哪个价格层次以及未购客户对价格的反应和承受能力。作为后阶段价格调整的重要依据。同时，将统计出的数据存档并传送公司，使公司能根据实际销售情况在一定幅度内进行适当调价以利于后阶段的销售。

4. 消费者区域反馈

销助统计。

根据营业日报表、周报表以及月报表的相关数据，销助每月整理统计来电、

来人的集中区域和空白区域。将统计出的数据存档传送策划部门，以便于后阶段的媒体投放和 SP 活动的区域选择。

5. 销控执行

专案负责。

根据销售情况及来人、来电的统计数据进行分析，为使个案均衡、平衡地进行销售，缩短销售周期，对房源进行适当控制，好、坏结合，有节奏地销售。

6. 一周数据统计

副专案负责。

每周对案场所反馈的各项数据做全面细致的统计（周报表）。根据统计结果，分析出当周来人相对集中的年龄层、区域、媒体、认可的楼层、户型以及来人的职业、对本项目价格的反应和考量因素等综合数据指标，并对已购客户的数据加以整理统计，为策划部门提供相对较为准确的客户反应及媒体方向和主题。也可为公司对本项目一周的销售情况有较为系统的了解并提供有力的数据，使公司能及时掌握产品销售的状况并对下个销售周期有较为准确的研判。

7. 月度销售走势分析

专案负责。

在 1 个月的时间段内对案场销售的综合数据统计（月报表）。在把每个工作日的销售数据加以整合后能准确清晰地反映出这一段时间内的销售情况。通过分析月报表，能得出来人、来电量的多少及变化与媒体表现的时间是否一致，以及成交率与媒体表现的客观联系。通过曲线图，公司也能一目了然地知道案场 1 个月的销售状况，也为策划部提供了强有力的数据证明。

8. 业务能力提高培训

副专案负责。

定期对售楼员进行培训，针对上一阶段表现出的不足，进行训练及强化，提高成交率。

9. 案场全体人员团队能力提高

专案负责。

案场销售总体以团队协作及配合为宗旨，原则上不提倡个人英雄主义。在案场整体力量提高的基础上，也可适当培养有潜力人员的单兵作战能力。

五、强销期的销售计划

1. 对来电量统计、追踪

组长负责。

案场售楼员接听每一通来电后应完整记录。每周、每月由案场对每日的来电表进行整合统计，分析出较为有针对性的区域、媒体以及有效客户的相关条件因素，加强售楼员对电话接听技巧的掌握，并能较为准确地判断出有意向之客户，加以追踪、邀约客户再次到现场。

2. 对来人量的统计、分析

组长负责。

根据每月案场的来人登记表进行统计，得出较为系统的、能客观反应客户情况及客户对本产品了解程度的数据，再加以整理，分析购买及未购原因，并督导售楼员加强追踪，特别加强对有一定意向而犹豫未决的客户的追踪。

3. 现场逼定

副专案负责。

首先要做到对自己产品有充分自信，强势主导，确认产品，促其决定。

（1）现场逼定的重要性：客户如没有下定，他会在看了其他房产产品后把本项目遗忘。但当客户下定后，在将本项目产品与其他产品比较过程中会倾向于本项目，以本项目的优势来弥补不足。

（2）现场 SP 配合：现场 SP 的配合一定要给客户真实感，无论是与自己还是与柜台、销控、电话 SP 都要让客户觉得真实达到 SP 效果。在现场逼定中可以告知客户本项目的热销状况、品质形象以及运用各种销售道具（如电话、传真等）促其下定。

4. 资金回笼

组长负责。

经过公开期，已积累了相当一部分的订购客户和签约客户。对订购客户保持联络，督促其准时或提前来签约支付首付款。对已签约客户，督促其准时甚至提前支付后续款。同时鼓励客户一次性付款和积极参与按揭贷款，加快资金回笼速度，减少资金压力。

5. 加强签约力度

副专案负责。

这阶段成交量大且签约时间集中，合理安排签约时间，减少签约纠纷变得尤为重要。

6. 周报统计、分析

7. 月报统计、分析

8. A 级卡、B 级卡整理

组长负责。

案场定时整理售楼员填写 A 级卡和 B 级卡。A 级卡是在客户签约后填写，能够反应客户的购买动机、承受能力、喜好、媒体以及售楼员的接待过程；B 级卡是售楼员在接待客户后判别其是否有意向而填写的表格。二卡的目的是利于确定今后的客户追踪和 SP 活动的对象。

9. 每周动脑会

专案负责。

联系策划、客服、财务进行每周动脑会，及时对媒体安排进行有效调整；各部门之间进行协调，挖掘和发挥各个部门的最大潜力，使各项活动发挥出最大效果。

六、持续期的销售计划

1. 整理销控

专案负责。

在经历公开期及强销期两个阶段，房源的大半已经卖出，应对剩余房源进行整理。控制位置理想、面积适中、价格竞争力强的销售速度。加大对销售难度大的房源的介绍，降低后期的销售压力与资金压力。

2. 订单、合同整理

销助负责。

案场应定时整理订单及销售合同。检查订单是否有遗漏、作废订单是否收回、订单上约定的签约时间已过但仍未签约的客户应通知售楼员查明原因并催其前来签约。检查合同是否有遗漏或错误之处，通过合同上的地址对已购客户回访，了解客户的最新动向及对销售人员的意见和建议。

3. 催缴房款

组长负责。

案场应配合财务室对约定付款时间但逾期未付款的客户进行催缴。一方面有利于公司资金的及时回笼和缓解后续资金的压力。另一方面提醒客户及时前来付款，也能避免客户支付不必要的违约金。

4. 销售人员心态调整

副专案负责。

公开期、强销期的来人量、成交量较大，售楼员激情高涨。进入持续期，来人量降低，相应的成交速度也放缓。售楼员会表现出急躁心理，情绪会随之低落。适时地对售楼员心理进行调试，有利于后阶段业务工作的展开。

5. 潜在客户的挖掘

组长负责。

在销售进入一个相对稳定持续的阶段时，应回顾强销期中遗留的潜在有效客户，进行追踪挖掘。对一些存在一定购买力但持观望态度的客户加大宣传力度，把他们与已购客户进行相同性的比较，使之认同本项目产品。

6. 未购客户、回头客拜访

组长负责。

案场应对未购客户及多次回头仍未下定的客户进行电话追踪以及上门拜访。了解客户的未购原因，化解客户的心中疑虑。一方面能让客户尽早购到满意的产品不至于错失良机，另一方面也有利于公司的收益以及售楼员个人业绩的提高。

7. 价格调整

专案负责。

根据销售情况，利用价格杠杆对房源进行控制，引导客户购买。同时，也可以提高公司的利润空间。

8. 注意竞争个案的动向

副专案负责。

案场将定期（2周或1月）对周边竞争个案开展市场调查工作，了解其工程进度、产品的定位、价格以及销售情况和一些与本项目相似问题的情况。

9. 定期对已购客户回访呵护（如致客户信、生日贺卡）

组长负责。

利用节假日、客户生日，对已购客户发出"致客户信"、"生日贺卡"，传递关心与问候。让客户认同售楼员的专业水准、工作态度和亲和力。使已购客户成为本项目产品的媒介，在其亲友中为本项目做一定的宣传，培养产品的知名度、树立口碑。

10. 建议规范施工现场，提高施工质量

副专案负责。

（1）树立规范操作、文明施工的企业形象。

（2）加强隐蔽工程质量管理。

（3）统一现场建筑施工人员答客户问。

（4）设立专用看房路线，做好安全措施。

七、销售策略计划（略）

八、包装推广计划（略）

4.1.2 销售文件及道具的准备

1. 必要法律文件的准备

商品房是直接关系人们生命财产的大宗商品，因此国家对商品房销售实施了严格的管理办法。根据国家现行法规规定，商品房销售必须获得五种特定许可，简称"五证"，即《国有土地使用证》、《建设用地规划许可证》、《建设工程规划许可证》、《建设工程施工许可证》、《商品房预售许可证》或《商品房销售许可证》。它们就好像房产销售的"绿卡"，缺一不可。

（1）《国有土地使用证》是证明土地使用者已向国家支付土地使用权出让金，获得了一定年限内某块国有土地的使用权的法律凭证。

（2）《建设用地规划许可证》是建设单位在向土地管理部门申请征用、划拨土地前，经城市规划行政主管部门确认建设项目位置和范围符合城市规划的法定凭证。

（3）《建设工程规划许可证》是有关建设工程符合城市规划要求的法律凭证，国家核发此证的目的，是确认有关建设活动的合法地位，保证有关建设单位和个人的合法权益。

（4）《建设工程施工许可证》是证明建筑施工单位符合施工各种条件，允许其开工的批准证件。

（5）《商品房预售许可证》或《商品房销售许可证》是市、县人民政府房地产行政管理部门允许房地产开发企业销售商品房的批准性证件。由于"五证"的最终结果反映在商品房销售许可证上，因此，为了方便购买者购房，一般认为只要有此证，就可以认定是商品房销售的合法手续了。

房地产销售还必须准备"二书"。"二书"是指住房和城乡建设部为了加强对商品房的质量管理与监督，要求发展商必须提供的《住宅质量保证书》和《住宅使用说明书》。两书可以作为商房买卖合同的补充约定，并且是房地产开发企业在商品房交付使用时，向购房人提供的对商品住宅承担质量责任的法律文件和保证文件。

2. 销售道具的准备

销售道具是销售的辅助设备，它是产品策划说明及表现的实物形式。道具的展示能帮助售楼员说服并赢得客户，使客户对产品充满信心。熟悉各种销售道具的特性及作用，并在适当的时候加以运用，能使销售如虎添翼，收到良好的效果。

销售道具设计制作兼顾实用效果和成本控制的原则下，由策划部门协同销售部、广告公司、制作公司共同完成。一个成功楼盘的销售道具，必须以项目为根，以目标客群为本，以项目总精神为线，形成一个系统性的规划。一方面，根据项目具体规模、档次、定位及目标客户群等进行销售道具的设计制作，使之与楼盘品质、形象相符，又与目标客户群身份、气质和品位相符。另一方面，道具是为销售服务，它必须是以销售节点为指向制定的一套完整规划，应针对不同的销售环节、销售场合、销售目的，一步步引导、展开、深入，让目标客户群逐步接受和接纳这一个造梦的过程。而且任何一项销售道具都只能从某个方面去表现项目，综合起来才是一个完整的体系。因而，设计销售道具时必须全盘考虑，互相调节，互相补充，发挥每一件销售道具的优势，点点滴滴、层层递进、潜移默化地向目标客群灌输与营造绚烂的居住梦想。

房地产销售道具种类较多，真可谓与时俱进，不断创新。常用的有以下几种：

（1）模型。模型主要用于在无法完整直接地看到楼盘实际效果时，用来告知客户完成后楼盘的完整形象，同时，也方便业务员给客户讲解时指明具体户型的位置、方向。模型一般包括社区整体规划沙盘模型、分户模型、局部模型、环境模型和区域模型。

总体规划沙盘模型用于表现项目具体位置、周边的景观、配套和小区布局以及中心庭院等，整体楼盘模型的常规比例为1∶150。

分户模型主要用在实体示范单位和交楼标准不能展示全部户型时，方便客户对户型的实际布局和户内空间大小尺寸进行了解，常规比例为1∶25。

（2）展板。可把楼盘最重要的优点用文字、图表的方式制成裱板，挂在销售中心的墙上，便于销售员解说。内容包括：发展商简介、项目区位图、效果图（立面透视效果、鸟瞰效果、中庭景观效果、单体透视效果）、小区平面配置、楼盘卖点、产品细说等。可分为现场售楼处展板和展销会展板两种。

（3）设备陈列。将项目使用的部分建材、智能化设备等元件设置在橱窗中进行陈列展示，配合说明文字起到直观销售效果。

（4）灯箱片。将效果图，家具配置等翻拍成灯箱片，会形成良好的视觉刺激效果。分户外灯箱和室内灯箱。

（5）视听媒体。包括电视墙、演示 VCD、电子屏幕、音响功放等。利用多媒体技术演示楼盘情况，提升项目品质。

（6）售楼海报。售楼海报主要是在现场供售楼人员给客户讲解，并且给客户带回家仔细研究的销售资料。标准的售楼海报所包含的内容有下列五项：一是楼盘效果图、透视图，若是现房，效果上佳的现场实景照也是必不可少的；二是楼盘所在地点的交通位置图；三是销售单元的平面图或家具配置图；四是建材装潢和配套设备的简要介绍；五是联系电话、售楼地址、发展商名称等一些基本资信的简要说明。虽然要说明的内容较多，但好的售楼海报也不偏废情感的沟通，往往图文并茂，以艺术化的手法，通过一个或两个主题的展开将诸多内容串联而成。

(7) 售楼书。售楼书是售楼海报的详解，是有关楼盘情况说明最详尽的宣传资料，它也是在现场供售楼人员给客户讲解，并且给客户带回家仔细研究的售楼资料。但和售楼海报随意分发不同，因为成本高，售楼书只是送给有希望购买的准客户。售楼说明书往往是十几页一本，印刷精美，它的资料类的信息和销售海报一样，也包括五个方面，但在说明时更为详细。通常售楼书会结合产品的特色创造一说明主题，以其美妙绝伦的艺术渲染，让客户产生无限遐想。应该讲，一份销售海报基本上是可以满足简单销售需要的，但对单价比较高的，品质出类拔萃的楼盘，好的售楼书不仅会让客户深切了解产品，而且还会产生一种身份和价位的认同感，从而促进销售。

(8) 折页。主要是楼书的一种简要版本和补充。在折页上，外页用来表现形象包装的内容，而里页配以各种户型或楼盘的介绍，其他方面内容的介绍也可以采用插页夹在其中。

(9) 单张。一般用于大量派送，如展销会或街头派送等，也常用于各种户型的介绍。

(10) 看板。通常一是设置在主要路口，人流集中的公共场所。二是设置在楼盘的所在地。除了联系电话和楼盘地址是不可缺少的因素外，其他的内容都可以视具体情况自由安排：可以是产品特色的简短文字口号，可以是楼盘鸟瞰图、俯视效果图、单元配置图，也可以是动人的图像与卡通绘画。其设计原则除了与整体广告基调相一致外，引人注目是主要要求。看板一般是按半年或一年收费的，路口好的看板价格更为昂贵，但它的广告效果可持续相当长的一段时间，是户外媒体的主要形式。

(11) 旗帜。有吊旗、道旗等种类。吊旗布置于销售现场，道旗布置在附近热闹地段至楼盘所在地道路的两侧或者工地的四周。图案简洁、文字精练的旗帜成排招展开来时，迎风起舞，艳色夺人，在促销过程中，起到了渲染气氛，注目和引导作用。但广告旗帜的持续时间比较短，为两个星期或一个月左右，且容易污损。又因为牵涉悬挂的准许问题，总体成本也不低。所以，一般仅在楼盘开张或促销活动时，配合其他媒体一起使用。

(12) 跨街横幅。布置于现场及周边主要街道，告知楼盘信息，方便客户寻找。

(13) 指示牌。放置在楼盘附近的路口，引导客户参观的路牌。

(14) 手提袋。展示案名及产品楼盘形象，方便客户收取资料，用于现场和房展会。

(15) 其他。如名片、请柬、信笺、信封、纸杯、胸牌、文件袋、小礼品等。充分运用 VIS 视觉识别系统传递楼盘信息、展示企业形象。

3. 销售文件的准备

(1) 购楼须知。房地产属于大宗消费品，购买过程复杂，为明晰置业者的购买程序，方便销售，事先应制定书面的购楼须知。购楼须知内容包括物业介绍、可购买对象、认购程序等。

(2) 价目表。价格策略制定完成后要编制价目表，以确定每套房源的单价、总价，是现场销售的重要资料。

(3) 登记书。一般在未获取《商品房预售许可证》的内部登记阶段，签订登记书，收取可退回的订金（诚意金）。

(4) 认购协议书。在房地产销售过程中，当置业者选中了自己喜欢的单元，需交纳一定数量的定金来确定其对房号的认购权，但此时还没有签定正式房地产买卖合同，这样就需签订认购协议来保障置业者和开发商双方的合法权利。

(5) 商品房买卖合同。现行的《商品房买卖合同》是由各地主管部门统一编制的格式文本。在签订了《认购协议书》后的一周内，置业者决定购买所选房源，备足首付款，与开发商签订正式的合同，保护双方合法权利，合同的签订标志着交易的成功。

(6) 前期物业管理服务协议。按行业规定新建住宅小区必须实行物业管理，通常在签订购房合同时，业主、开发商、物业服务企业三方共同签订《前期物业管理服务协议》，明确各自的权利与义务。

(7) 其他相关文件。另外可根据项目自身的需要确定其他应准备文件，如办理按揭指引、需交税费一览表、办理入住指引等相关文件。

【相关链接】

定 金 和 订 金

我国法律对"定金"是有明确规定的。《中华人民共和国民法通则》、《中华人民共和国担保法》均规定：当事人可以约定一方向对方给付定金作为债权的担保。债务人履行债务后，定金应当抵作价款或者收回。收取定金的一方不履行约定的债务，应当双倍返还定金。

我国法律对"订金"没有作出规定。在房地产行业常常称作"诚意金"，是在正式交纳定金之前，交纳有效期较短的"少量订金"，数额一般较小，只要收取的"订金"的一方认可，如交纳"订金"的一方无法履行承诺，"订金"可以退还，所以"订金"不具有惩罚性。

4.1.3 销售现场的准备

房地产销售现场的准备是销售前准备工作中非常重要的一环。诚意客户在接收到楼盘销售的信息后，决定来现场参观，此时现场状况的优劣将直接影响其购买行为。一般来说现场工作包括售楼处内外环境、看楼通道、施工环境等。

1. 售楼处

售楼处又称销售中心，主要是向客户介绍楼盘和展示楼盘的地方，同时也是客户作出购买决定并办理相关手续的地方，在房地产销售中日益发挥着重要的作用。绝大多数开发商都十分重视售楼处的建设，对售楼处及周边环境精心布置，树立开发商良好的形象，展示楼盘的卖点和个性，提升品质，以打动消费者，激发其购买欲望。

（1）售楼处选址

售楼处选址包括两个层次：一是选位。即选择什么区位设置售楼处，比如是在工地现场还是另行选择区位？或者两者兼设？二是定址。地区选定以后，具体选择在该地段的什么位置设置售楼处，也就是说，在已选定的区位内选定一片土地作为售楼处的具体位置。比如决定选在工地，究竟应该在工地什么地段。有些精明的开发商将楼盘的会所先建好，拿来作售楼处用，既节省了售楼处的大笔建设费用，会所的豪华又彰显尊贵气派。

售楼处位置的基本要求：①地处主干道，人流集中，位置醒目；②周边环境良好，人车都能方便到达，有一定的车位；③离施工现场近，以方便客户现场看楼，且容易隔离，保证安全性。

（2）售楼处的功能分区

一般设有：接待区、模型展示区、洽谈区、休息娱乐区、签约区、办公区等，如图 4-2 所示。

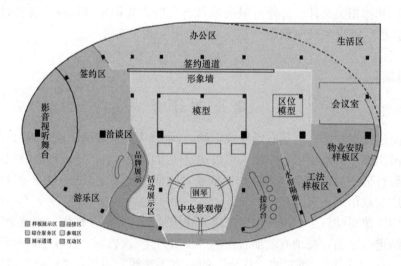

图 4-2 售楼处布局示意图

接待区主要是为客户进入售楼处提供一个接待场所，便于销售人员有序接待。一般设在入口处。

模型展示区主要呈设区域位置图、项目沙盘、单体模型等，供客户参观和销售人员讲解所用。

洽谈区是提供客户深入了解楼盘及销售情况的场所，洽谈是前期参观咨询的补充与深入，也是签约的前奏。

休息娱乐区是给客户提供休息的场所，也可供随行的儿童游玩娱乐。

签约区是当客户对楼盘满意时提供专门的签约场所。若将签约放在洽谈区，会影响到其他顾客。同时签约也是一件比较秘密的事情，有许多东西不能公开，因而要特设一个签约区，签约区要隐秘一些，不要太张扬。

办公区主要是案场进行行政办公的区域。

（3）售楼处形象确定及布置

售楼处的形象主要包括两大类：一是售楼处的建筑设计形象，既要新颖、醒目，给购房者造成视觉冲击，直接吸引客户注意；又应与楼盘建筑风格相吻合，包括造型设计、立面色彩、建筑用材等都要与楼盘呼应，达到和谐、相得益彰的整体效果。二是售楼处的理念形象，主要是指通过意识形态上的处理，赐予楼盘一定的精神风貌，对购房者在心理与情感上产生呼唤，同时也给人一种精神上、理念上的识别。理念形象要与楼盘的开发主题、营销主题、推广意念等方面协调、吻合。如普通住宅的温馨、高档住宅的尊贵豪华，写字楼的庄重等。

售楼处布置，即售楼处的包装，具有识别、美化楼盘的作用，可以吸引购买、指导消费。在售楼现场，包装是软广告，是"无声的推销员"。销售中心的内外空间要尽可能通透；接待区要布置在离入口处较近，且方便业务员看到来往客户的位置；展示区要与洽谈区相邻或融洽为一体；在接待区要通过背景板营造视觉焦点，背景板可以展示楼盘的标识、名称，也可以用图片展示一种气氛；在必要的地方布置小饰品和绿色植物；室内灯光要明亮，重点的地方要有灯光配合作为强调，如展板、灯箱、背景板等，洽谈区的灯光要经特别处理，做到整体和局部的结合；顶棚的造型要特别新颖，让客户难以忘怀。

（4）售楼处的外部环境

售楼处的外部场地的功能通常分为：活动区，为客户自由活动设置的一个区域；观赏区，在售楼处门前制作一些人文景观，有利于聚集人气；演示区，为促销时做表演活动使用；泊车区，为前来看楼的客户提供一个停车场所。

售楼处外部环境的美化主要是通过种植花草、设置饰品和雕塑等来完成。通过各种表现元素与符号，来表达环境理念，丰富环境的内涵，达到令人流连忘返、赏心悦目的效果。售楼处的外部，即售楼部的前后左右，但是重点在售楼部的正前方。通常进入销售中心前要有明确的导示，如道旗、指示牌等；入口广场上要有渲染氛围的彩旗、花篮、气球、绿化等。在空间够大时，还可以布置水体、假山石、花架、休闲椅等。

2. 看楼通道

看楼通道是连接售楼处和样板房、工地之间的交通通道。它也是售楼现场不可忽视的一环。我们可以试想一下：当一客户来到富丽堂皇的售楼处，向售楼小姐咨询了相关情况，也看了楼盘的介绍资料，为楼盘深深吸引，这时客户一般都会提议去样板间或工地现场看看，当客户走出售楼处大门往工地现场走去时，发现两旁杂乱无章，尘土飞扬，路边到处是瓜皮果壳，看着这一切，刚才在售楼处的那种惬意会一扫而光，心情顿时受到影响，一落千丈，原本想下定金的冲动，也随之灰飞烟灭了。正所谓细节决定成败。

看楼通道应注意以下几点：

(1) 看楼通道的线路设计要尽可能短，以方便参观。

(2) 看楼通道地面要平整且安全通畅，对于转弯或不符合人体行为功能的地方要有提示，如高低不平、顶梁过低等。

(3) 要保证通道充足的采光或照明。

(4) 要对通道进行适当的美化。绿化、绘画是常见的美化手法，在通道较长的条件下要做到移步换景，要丰富而不单调；也可以在去工地的道路两边插上彩旗，既渲染了气氛、烘托了环境，又宣传了楼盘，两全其美。

(5) 最好要有利于施工组织，尽可能不要形成地盘分割。

3. 样板房

房地产项目在预售时，由于置业者在产生购买行为时看不到完整的房屋状况，因此样板房的制作主要是让客户下定前对所购买物业有一个直观的体验和印象。参观样板房可以让客户在看—听—使用—参与共用的过程中，使其感觉支配大脑，最终促成购买，这比售楼员干巴巴地介绍更能让客户接受，极大地提高了交易的成功率。因此，目前样板房已成为房地产"体验营销"的利器。与此同时，样板房可以借助装修设计处理最大限度地强化楼盘的优点，尽量掩饰其缺陷和不足，以更完美的形象展现在客户面前，其实质就是户型结构的美化和再创造。

样板房分为交楼标准样板房及示范样板房。带装修出售的一般需设交楼标准样板房，交楼标准样板房涉及大量工程方面的工作，市场营销部应与工程部共同按确定的装修标准，做好交楼标准样板房。如朗诗国际是开发商推出的高科技住宅，具有恒温、恒氧、恒湿、低躁、适光等优势，采用了交楼标准样板房，既通过试住体验促进了销售，又可避免装修对住宅的设施设备的损坏。

(1) 样板房的选择

1) 户型。选择主力户型、助推户型。

2) 位置。设在售楼处方便到达的位置，且要求朝向、视野和环境较好。

3) 楼层。如在售楼现场，以选第二层为宜，可以有效避免干扰售楼大厅的工作。如果在待售楼盘中做样板房，高层带电梯的，样板房一般设在较高楼层，因为越高越能体现楼盘的优势，景观好、视野开阔、噪声小等优点可以通过样板房表现得一览无余；多层无电梯的，则以二~三楼为宜，可以掩盖爬楼梯带来的不便。

4) 数量。现在楼盘通常户型种类较多，没有必要每种户型均设置样板房，以免增加投入，可以选择几种不同面积、不同结构、不同风格代表楼盘品质的户型来作样板房。

(2) 样板房的装修

1) 扬长避短。装修应充分展示户型空间的优势，在样板房里，灵活的空间结构、完善的布局、大的面宽、良好的采光、开阔的视野、怡人的景观等都可以充分展示出来，并且通过适当的装饰得到强化。如层高较高可以通过加盖夹层，达到"使用面积大于建筑面积"的实用效果，实现物超所值；房间狭小可借助明镜的反射给人空间扩大的感觉。

2）符合定位。装修设计要符合项目市场定位，档次应比实际销售产品偏高，以刺激顾客的购买欲望。如经济型用房要着力展示空间的实际使用功能，小户型住宅可从空间的有效性和生活的情调两方面展示，高档物业着力表现其尊贵豪华和突出品位。内部展示的电器、家具、小饰品都应与整体档次、风格相协调。

3）引导示范。分析主要目标客户的要求，通过装修功能设计，针对空间的合理使用给客户作适当引导，特别是难点户型或大面积户型进行新颖、艺术、前卫的装修处理能起到良好的示范作用，引领大众居住的新潮流。

4）兼顾实用性和艺术性。装修要突出房型的功能及其实用性、便利性，同时要精细、具有艺术感染力。要充分运用光、色、材料、配饰达到整体统一的效果。对于周边有安全网的样板房，其窗、阳台与围板间保留约30厘米的间隔，用以绿化。为方便活动及增加空间感，通常不安装户内门扇。

5）方便参观。样板房外应设置单元平面图看板，作户型简介。门外要设置鞋架或发放鞋套，最好可以让客人直接进入。

4. 施工环境

（1）施工现场应保持干净、整洁、有条理。施工现场的组织与管理水平就是活的广告，直接标志着建筑施工企业的水平及实力，也决定了房地产产品的质量，因此在选择合格的施工单位后，必须对施工现场环境秩序进行严格管理，实行文明施工，以树立项目形象，形成良好的口碑，增强消费者的购买信心。

（2）形象墙、围墙的设置。形象墙、围墙一般主要是用在分隔施工场地，保证客户看楼安全和视线整洁的地方，一般可用普通的砖墙、也可用围板。墙上的内容可以仅仅是楼盘的LOGO和售楼电话，也可以根据其墙体所在的位置通过结合灯箱、广告牌来展示楼盘的形象和卖点，其风格和色彩应与整体推广相统一，具有可识别性。公园壹号项目利用现场围墙做了系列的户外广告，对楼盘起到了很好的宣传作用。

（3）施工现场及周边的景点建造。先造景、后建房已成为精明的开发商常采用的策略，有的在施工现场临街、人流量较大的区域建造绿地，有的在小区内开挖人工湖，有的先开发公建、商业街，种种手法一方面可以美化楼盘施工现场，提高楼盘品质，另一方面能更快更准确地传递项目的开发理念。公园壹号项目开发之初，先在小区周边建造了优美的绿化带，展示了楼盘品质，吸引人们的视线，对楼盘的预售起到一定的促进作用。

【相关链接】

房地产体验营销

1998年派恩和吉尔摩在哈佛商业评论上发表《欢迎体验经济到来》一文，体验、体验营销和体验经济成为营销界的热门话题。体验是当一个人到达情绪、体力、智力甚至精神的某一特定水平时,在他意识中所产生的美好感觉。体验营销就是体验的营销,是站在消费者的感官、情感、思考、行动、关联五个方面,重新定义、设计、营造新的思考方式和经营模式,是企业通过创造、提供和出售体验,让消费者在消费过程中有所感受,留下印象,精神需求得到最大程度满足的一种过程。其核心就是要帮助所有顾客真正地达到自我实现的最高境界。

房地产体验营销涵盖了包括从产品设计直到营销推广整个过程的每一个环节,在整个过程中,某一个环节的不足,都会影响体验营销的效果。整个过程的主线很明确,就是一切围绕着购房者这个中心来设计的营销方法,企业必须始终站在购房者的体验角度来构思,而不能像过去那样仅满足于产品的质量,体验营销的核心是要考虑购房者看到它、听到它、使用它时会产生什么样的感受,更关注购房者在购房前、中、后的全部体验,让购房者感觉到产品是可以看得到和亲身感受到的,甚至超越了他们的预先设想。房地产体验营销通常是和营造一种氛围、制造一种环境、设计一种场景、完成一个过程、作出一项承诺紧密结合在一起的,而且有时它还要求客户积极主动的参与。售楼处、样板房、看房旅游、试住、环境开发等都是开发商常用的营销手段,均通过消费者的体验来促进营销。

4.1.4 销售人员的准备

1. 组建销售团队

售楼员又称置业顾问、销售代表,售楼员不是简单的"解说员"、"算价员",是指在售楼处通过现场服务引导客户购买、促进楼盘销售,为客户提供投资置业的专业化顾问式服务的综合性人才。

(1) 销售人员数量确定

房地产销售人员数量通常根据销售套数及销售周期而定。具体公式如下,也可视具体的销售时段进行动态调整。

销售人员数量=销售套数÷(成交概率×售楼员每天接待数量×销售周期)

公园壹号一期首批推出580套房屋,按照四个月销售50%的目标,8%的平均成交率计算,每个销售代表每天接待4~5批客户,则每天大约需要6~7人上班,综合考虑调休等因素,该项目在此销售阶段需安排8~9名销售代表。

通常根据管理幅度,每4~5名销售人员中设1名销售主管。因此本项目分两个小组,挑选2名经验丰富的资深销售代表担任组长,以老带新,并协助案场管理。

(2) 选聘方式

公园壹号项目销售人员采用公司内部选聘与外部招聘相结合的方式。

(3) 招聘条件

售楼员是企业的形象、开发商的信誉、楼盘的品位与质量的门户,是楼盘与用户之间的桥梁和纽带。售楼员向客户传递楼盘信息、提供服务,同时搜集客户需求、对所售楼盘的反应,为项目营销战略的调整修订提供决策依据。因此售楼人员的个人素质与能力，不仅直接影响楼盘的销售速度与销售量，关系到项目最终的盈利水平，而且也长久地影响着楼盘品质形象和开发商品牌形象的塑造。

内在素质要求：
1) 忠诚服务于公司；
2) 丰富的商品知识；
3) 良好的道德习惯；
4) 识别他人的能力与独到、敏锐的见地；
5) 幽默感；
6) 良好的社会公共关系；
7) 判断力与常识；
8) 对客户需求的满足以及真诚的关心；
9) 悟性；
10) 说服能力；
11) 机警、善变；
12) 忍耐力强、精力充足、勤勉过人；
13) 乐观、富有创造性；
14) 记忆力；
15) 顺应性。

外在素质要求：
1) 善于接近客户、引起客户的注意；
2) 善于表达自己和销售楼盘；
3) 善于激发客户对楼盘的信心；
4) 善于唤起客户对楼盘的占有欲望，并博得客户信任；
5) 把握客户占有欲望，促成购买。

2. 培训销售人员

处于与客户接触第一线的销售人员在整个营销体系中的作用日显重要，其身份属性日趋复杂。一是现场劝服客户、促成最终购买的主力；二是服务态度、服务精神折射着公司的经营理念、价值取向；三是市场最新动态、客户实际需求、客户对公司广告促销等营销手段反应的第一感知者；四是客户资料信息的最佳收集、整理、深加工者。为了达到一个预期的销售目标，销售人员的培训是销售成败的重要环节，不仅要系统地针对项目开展岗前培训，在销售过程中也要不断结合项目出现的新问题进行后续复训。

（1）培训内容

1) 公司背景和目标。公司背景、公众形象、公司目标（项目推广目标及公司发展目标）；销售人员的行为准则、内部分工、工作流程、个人收入目标。

2) 物业详情。项目规模、定位、设施、买卖条件；物业周边条件、公共设施、交通条件；该地区的城市规划，宏观及微观经济因素对物业的影响情况；项目特点，包括项目规划设计内容及特点（包括景观、立面、建筑组团、容积率等)、平面设计内容及特点(包括总户数、总建筑面积、总单元数、单套面积、户内面积组合以及户型优缺点、进深、面宽、层高等);项目优劣势分析;竞争对手优劣分析及对策。

3) 销售流程及技巧。销售业务流程;销售过程中的电话接听、接待、洽谈、逼定等销售技巧;洽谈过程中探寻客户需求、经济状况、目标期望等发问技巧,判定买家心理分析方法。

4) 签订买卖合同的程序。售楼处签约程序;办理按揭及其计算;入住程序及费用计算;合同及其他法律文件解释说明;填写所需的各类表格。

5) 物业管理。物业管理服务内容、收费标准;管理规则;公共契约。

6) 其他内容。包括销售人员的礼仪培训,房屋建筑基本常识、财务相关制度等。

(2) 培训方式

1) 课程培训。讲授课程:国家及相关房地产业的政策法规、税费规定;国家、地区的宏观经济政策、当地的房地产走势;房地产基础术语、建筑常识及识图、计算户型面积;心理学基础;银行的按揭知识;涉及房地产交易的费用;公司制度、组织和财务制度等。

2) 销售模拟。由资深销售人员进行销售示范;利用项目售楼处、示范单位模拟销售过程;及时讲评、总结,必要时反复实习模拟。

3. 学习销售人员管理制度

(1) 销售人员日常工作制度

1) 必须每天做好自己的客户接待、追踪、签约、资料整理工作,由专人作现场统计、整理,并及时将业务表单发送至公司保存,负责人随时检查。

2) 保持模型及销售道具的完好、整齐,若有损坏,及时找专人修理,或申报负责人。

3) 为保证销售热线畅通,明确规定工作时间不准打私人电话,如遇特殊情况经负责人同意方可,但不得超过3分钟。

4) 工作时间不得大声喧哗、嬉笑。

5) 售楼部接待处不可睡觉,中午休息须服从领导安排。

6) 工作时间不可在接待处吃零食。

7) 工作时间不可随意离开售楼处,特殊情况必须通过现场专案批准。

(2) 销售人员仪容仪表规范

售楼人员每天直接与客户打交道,展示并代表了公司和项目的形象,所以外表仪容显得格外重要,每一位售楼员都应自觉的做好以下几点:

1) 身体整洁,经常洗澡,保持身体无味,所用香水不宜特别刺激。

2) 上班时应保持精神饱满,容光焕发,要有充沛的体力与精力,在工作中全心投入。

3) 女性上班时可适当化淡妆,不能浓妆艳抹,男员工不可留胡须。

4) 头发整洁,经常洗头。女员工发式、染发颜色不可过于夸张,头发过肩要束起，刘海不要过眉。男员工不能留长发。

5）员工佩戴饰品不能过多，一般以耳环、戒指为主。戒指只可佩戴一只小型的，样式不能过于夸张；耳环只可佩戴无坠小型的，以耳钉为主；头饰应以深色为主，不可夸张耀眼。

6）员工的指甲不能过长，涂指甲油以透明色为主。

7）员工制服必须整洁、合身，衣袖、裤腿不能卷起，钮扣齐全并扣好，员工证佩戴在上衣的左上角，佩戴的项链与其他饰物不能露出制服外，鞋的款式应与制服相配，不可夸张，女员工的丝袜应以肉色为主。

(3) 销售人员行为准则

1）工作态度

服从领导。切实服从领导的工作安排和调配，按时完成任务，不得拖延、拒绝或终止工作。

严于职守。员工必须按时上下班，不得迟到、早退、旷工，不得擅离职守，个人调换更换值班时需经领导同意。

正直诚实。必须如实向领导汇报工作，反馈工作中遇到的问题，杜绝欺骗或阳奉阴违等不道德行为。

勤勉负责。必须发挥高效率和勤勉精神，对自己的工作认真负责、精益求精，做到及时追踪客户，充分了解客户的心理动态。

2）服务态度

友善。微笑迎接客人，与同事和睦相处，互帮互助。

礼貌。任何时刻注重自己的形象，使用礼貌用语。

热情。日常工作中要保持高昂的工作积极性，在与客人的交谈中应主动为客人着想。

耐心。对客人的要求认真、耐心地聆听，并详尽、翔实地向客人介绍项目，解答客人疑问。

3）行为举止

①手姿。垂放是最基本的手姿。一是双手自然下垂，掌心向内，叠放或相握于腹前；二是双手伸直下垂，掌心向内，分别贴放于大腿两侧。背手是双臂伸到身后，双手相握，同时昂首挺胸，既可显示权威，又可镇定自己。持物做法多样，既可用一只手，又可用双手。但最关键地是，拿东西时应动作自然，五指并拢，用力均匀，不应翘起无名指与小指，显得成心作态。

②立姿。立姿的基本要求是：头端、肩平、胸挺、腹收、身正、腿直、手垂。

男子在站立时，一般应双脚平行，大致与肩同宽，最好间距不超过一脚之宽。要全身正直，双肩稍向后展，头部抬起，双臂自然下垂伸直，双手贴放于大腿两侧。如果站立时间过久，可以将左脚或右脚交替后撤一步，其身体的重心分别落在另一只脚上。但是上身仍须直挺，伸出的脚不可伸得太远，双腿不可叉开过大，变换不可过于频繁。膝部要注意伸直。

女子在站立时，应当挺胸，收颔，目视前方，双手自然下垂，叠放或相握于腹前，双腿基本并拢，不宜叉开。站立时间过久，女子可以将重心置于某一脚上，即一腿伸直，另一条腿则略为前伸或弯曲；亦可双脚脚跟并拢，脚尖分开，呈现V形。

禁忌的立姿：全身不够端正，两腿叉开过大，两脚随意乱动，表现自由散漫。

当客户上门询问时，销售人员应主动起立相迎，微笑接待；当客户站立观看售楼展板及相关资料时，销售人员应笔直站立在客户的一侧，头部微微侧向客户，面露微笑，双臂自然下垂，适时向客户介绍项目。

③坐姿。入座有序，优先尊长与客人。轻轻落座，避免动作幅度较大引起椅子乱动及发出声响；就座时，应转身背对座位；如距座位较远，应右脚后移半步再入座；着裙装的女士应先用双手拢平裙摆再入座。

陪同客人落座时，应坐在椅子的1/3～2/3处，背部不得倚靠椅背；双脚应自然下垂，置于地面，脚尖面对正前方或朝向侧前方；双手应掌心向下，叠放于大腿之上，或是放在身前的桌面之上。

坐立时，忌头部乱晃、上身不直，双手不可置于两腿间或玩弄其他物品，不得跷二郎腿。

④行姿。基本要求是：轻松、矫健、优美、匀速，做到不慌不忙，稳重大方。要兼顾六个方面：全身伸直，昂首挺胸；起步前倾，重心在前；脚尖前伸，步幅适中；直线前进，自始至终；双肩平稳，两臂摆动；全身协调，匀速前进。

行走时忌方向不定、瞻前顾后、速度多变、声响过大、八字步态。

⑤交谈。上身微微前倾，用柔和目光注视对方，面带微笑，并通过轻轻点头表示理解客人谈话的内容。不可东张西望或显得心不在焉；不可整理衣着、头发或频频看表；在售楼处内不得高声喧哗或手舞足蹈；不得以任何理由顶撞、讽刺、挖苦或嘲笑客人；与客人打招呼不得用"喂"，应用"先生"、"小姐"或"女士"称呼客人；坚持使用"请"、"您"、"谢谢"、"对不起"、"再见"、"请慢走"等礼貌用语。

4）售楼人员待客要求

七个字：礼（礼貌待人）、勤（勤服务）、精（精通业务）、细（工作细心）、快（动作快捷）、静（保持环境安静）、洁（保持自身和环境清洁）；

六个勤：手勤（勤帮顾客拿东西）、脚勤（顾客上门立即上前迎接）、眼勤（密切关注在场顾客动静，顾客有求时，随时提供服务）、耳勤（注意顾客的呼叫声）、嘴勤（多向顾客介绍）、脑勤（多思考）；

五个请：请进、请坐、请喝茶、请看资料、请指导；

四步曲：顾客永远是对的、顾客是开发商的衣食父母、顾客花钱买的是服务和品质、在顾客开声前售楼员要先开声向顾客打招呼；

三轻声：走路轻、说话轻、操作轻；

二满意：形象满意、服务满意；

一达到：达到成交目的。

5）售楼人员的三大法宝

微笑、动作、语言。

（4）售楼处接待业务制度

1）由销管人员编制《客户接待顺序表》，销售人员按序接待，并要求做好客户接待记录。

2）客户进门，按序轮值的接待员应主动上前迎客，排序者（次接待员）则主动为客户倒水。

3）无论新老客户、市调客户，均应按序接待，并计算为一轮。

4）销售人员必须严格按排序表进行规范接待，不得争抢客户或不接待，违者扣罚。

5）如接待中需要支持，其他销售人员必须上前配合，或由副专案安排。

6）老客户自行接待，如同时前来多组老客户，可要求其他销售人员协助，被安排的销售人员必须加以配合。

7）合作成交则按照分配比例进行佣金发放。

（5）销售人员薪酬制度

工资＝基本工资＋职级津贴＋岗位补贴＋奖金＋佣金提成

佣金提成是销售人员最常用的一种薪酬方式，与一定期间的销售工作成果或数量直接相关，即按销售成果的一定比率给予佣金。这样的工资形式旨在给销售人员以鼓励，其实质是奖金制度的一种。

佣金通常根据销售量的金额或数额来计算。其计算可以基于总销售额，也可以是基于超过配额的销货量。佣金的比率可以是固定的，也可以是累进的，即销售量越高，其佣金比率也越高。比率也可以是递减的，即销售量越高，其比率越低。佣金比例通常在1‰～2.5‰之间，往往会因产品性质、顾客、地区特性、业务状况而异。

【任务拓展】

对样本楼盘的销售准备展开调研，完成以下内容：

（1）了解样本楼盘销售阶段的划分，各阶段的主要工作；

（2）描述样本楼盘现场布置，并进行评价；

（3）绘制案场组织结构图，熟悉案场人员构成及分工；

（4）了解人员招聘的流程、培训的内容及方式。

过程4.2　接待客户

公园壹号项目在多方的共同努力下，销售准备工作充分到位，一切就绪，销售人员个个蓄势待发，已培训成熟的陈婷婷对楼盘销售充满了期待。现在，终于迎来了公园壹号项目正式对外公开销售的大喜日子，陈婷婷所在的销售团队正精神抖擞地投入销售实战中。从接待客户到追踪再到签约，陈婷婷已学会了独立工作，她深深体会到销售工作难的不是流程，而是与客户的有效沟通、对客户的把握，接待客户是销售工作的重点，其实质就是树立客户信心，客户对开发商的信心、对产品的信心、对销售人员的信心是销售成功的关键所在。

【婷婷文件夹】

公园壹号楼盘客户接待流程及要求

商品房销售流程如图4-3所示。

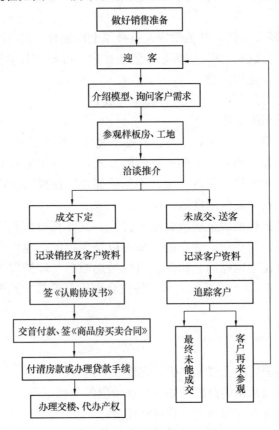

图4-3 商品房销售流程

第一步，客户推开售楼中心大门服务即开始。

在客户走近接待中心时，由保安拉开门，销售代表主动上前，面带微笑，对客户问候"您好！欢迎参观"，并根据具体的接待顺序进行客户接待。

第二步，接待人员携带资料离位迎客。

接待人员第一时间将客户迎进销售现场，同时问好、自我介绍；问候、自我介绍用语要规范："您好！欢迎看房。"

第三步，介绍模型。

按次序进行介绍，尽量突出卖点；声音柔和，声调不宜过高；用语文明；介绍简单、专业。

第四步，请客入座，讲解楼书。

请客户在洽谈台旁稍坐，并迅速为客户斟水，递上水杯，让客户稍坐片刻，使心情平静下来；给客户递上资料，待客户心平气和后，给客户就项目的情况进行系统的讲解；当客户发出疑问时，应详细、耐心地倾听客户的疑问，并不断地点头表示清楚客户的疑问，在客户停顿时进行解答。

注意介绍要属实、详细、专业；不得诋毁别的楼盘。

第五步，带客户看房。

在对客户的疑问解答完毕后，应引领客户到样板房参观，一定亲自带客户看房；在参观过程中，使用规范用语"请随我来"或"请往这边走"，走在客户前，替客户开门、操作电梯；在样板房将详细的楼盘情况和特点进行介绍；重点把握最大限度突出卖点；注意观察客户在参观过程中的反应，在内心深处对客户购买意向作出判断，并考虑客户的疑问点，相应地予以解释，以消除客户的疑问，尽快促成交易。

第六步，替客户设计购房方案。

在客户看完样板房后，引领客户返回销售现场，注意将客户所喝的水杯中的水注满。在尊重客户的前提下，作消费引导，方案设计应合理可行。同时询问客户拟订的详细付款方式，根据客户要求帮助拟订单元房的不同付款方式，并填写客户置业计划。

第七步，做好客户登记。

在客户登记表上进行尽可能详细的登记；客户执意不留电话，不得勉强；将客户特征及购买意向及时记录，以方便后续跟进。

第八步，礼貌送客至售楼处大门口。

在客户表示需要考虑后，面带微笑，主动替客户开门，将客户送出门，对客户表示"请回去再考虑一下"、"请慢走"等话语。

第九步，如客户表达认购意向，则可以收取定金开具收据。

在客户表示满意后，销售代表应尽快促成客户落定；定金一定由公司财务收取并开具收据，收据须注明房号、金额（大小写）、交款方式。

第十步，签署认购协议书。

由销售代表填写认购协议书，填写要求准确，填写完的认购协议一定要在案场经理审核无误后，才能与客户签署。

第十一步，提醒客户交首期房款。

约定交款时间到期前，一般需提前2天提醒客户预备首期房款，提醒时注意方式和语气。

第十二步，签署商品房买卖合同。

与签认购协议书一样，由销售代表填写合同，填写要求准确，填写完的合同一定要由案场经理审核无误后，才能与客户签署；合同买方签名一定是买方本人或有买方书面委托（必须是公证后的）代理人；客户领取合同一定要签名登记。

第十三步，协助办理按揭。

提前讲清客户必须携带的资料、办理的地点与时间。

第十四步，协助办理入住手续和产权证。

态度热情主动，必要时亲自带往物业管理处，并向客户表示祝贺；公司办好产权后通知客户领取。

第十五步，随时向客户提供房地产市场信息。

客户入住后，了解他们的居住情况；有了新的房地产信息后，在客户不拒绝的前提下，可以向客户继续提供，保持长期联系。

4.2.1 积累客户

积累客户是销售部门的首要任务，是销售人员的工作职责。积累客户应区分潜在客户的积累和准客户的积累，顺利完成潜在客户转化为准客户、准客户转化为成交客户的上升过程，是一个房地产项目成功运作的必要环节。

1. 积累准客户方式

（1）接待来访客户

在销售现场来访人员中，除少数为业内人士或相关行业人员外，大多为对项目已有印象、或初步了解、或有购房意向的准客户。他们多数不存在是否购买住房的问题，而是在比较几个条件相似的项目，他们是最有成交希望的，是客户积累的重点，应做好详细登记。登记内容除包括客户的姓名、联络方式、意向，这些必要内容之外，还应记录下客户的特征、存在的疑问以及所关注的其他楼盘等内容，越详尽越好，并及时整理，以便有目标性地开展定期追踪和劝服，促成销售。

（2）接听咨询电话

每个房地产项目都有自己的销售热线，它是房地产广告的必备要素之一，也是重要的客户积累手段。销售人员在电话中要求热情、清楚地为客户进行讲解，并做好初步的登记，以备定期跟进。但讲解需适度，必须明白接听电话目的不是立即成交，而在于尽可能地约请客户到销售现场来，直观、深入地了解项目特点，进而促成销售。

（3）通过广告吸引客户

广告是现代社会商品信息沟通的重要途径。当消费者产生购房需求时没有足够多的时间和精力去盲目地寻找楼盘，而是关注媒体广告。消费者往往通过房地产广告的内容来初步判定该楼盘是否可供选择。虽然消费者从广告中了解到的只是项目的概况，如位置、配套、面积等，但是广告也足以将准客户从消费者中筛选出来。

（4）与目标人群的直接沟通及宣传

任何房地产项目都有其相应的定位，其准客户都有着某方面的共性，因而对此进行有针对性的宣传可起到事半功倍的效果。

（5）老客户带新客户

成功的销售后，客户对开发商和销售人员都建立了良好印象，对楼盘树立了信心，俗话说满意的客户是最好的广告。随着时间推移，部分客户或其亲友又会产生购房需求，适时地将企业的新产品推荐给他们，不但成交的机会较大，也使买卖双方更有针对性，省去了不必要的周折。

客户数量和质量支撑着销售的顺利完成，因此客户积累不能是盲目的、无序的，更不应各自为政，这样会分散人力、物力，增加销售成本。积累客户必须综合考虑项目特点、销售节奏等因素，系统地、有计划、有步骤地深入，进而实现整个项目完美销售的最终目的，提高企业效益。

以上五种积累方式在公园壹号项目中均有应用，销售前期主要是靠广告宣传，吸引客户来访、来电，销售后期老客户带新客户则成为一种重要的客户积累途径，因此，与已购客户的必要沟通、开展良好的售后服务意义十分重大。

2. 电话接听

开发商、代理商不惜花费巨资反复在报纸、电视、广播等主要媒体发布楼盘广告，其目的毋庸置疑，就是为了使尽可能多的潜在客户知晓房产信息。但受广告篇幅的局限性，通信发达的今天，有兴趣的客户往往会先采用电话咨询的方式来进一步了解房产信息，这正是积累客户的大好时机。只有有效地接听每一通咨询电话，才有可能获得最佳的工作业绩。

（1）接听准备

电话接听是销售人员给客户留下第一印象的机会，所以销售人员在电话中要想做得更为专业，事前充分准备必不可少。切记不可在电话中出现："对不起，请您等一会儿，我查一下资料。"这样的话，客户会对销售人员的工作效率表示不满，进而对所售楼盘感到失望。

1）编制《热线接听顺序表》，明确销售人员的接听顺序及规则，以免抢接、不接现象的发生。

2）售楼人员正式上岗前，应进行系统培训，熟悉楼盘及其周边竞争楼盘的详情，统一说辞。

3）准备一份当前广告的复印件，分析楼盘卖点和客户可能会提及的问题，针对广告诉求解答客户疑问。每出一期广告，销售小组均应开会分析广告，统一回答口径。

4）将《来电客户登记表》放在手边，表格设计尽量采用打勾方式填写。

（2）基本动作

1）电话铃声不得超过三响，开始接听，首先主动问候"您好，公园壹号售楼处！"。

2）接听电话态度必须和蔼，语言亲切，委婉询问对方是否是新客户。

3）通常客户在电话中会问及价格、地点、面积、户型等问题，售楼员要扬长避短，在回答中将产品的卖点巧妙地融入。

4）在与客户交谈中，设法取得有价值的资信：第一要件，客户的姓名、地址、联系电话等个人背景情况的资信；第二要件，客户能够接受的价格、面积、格局等对产品的具体要求的资信。其中，与客户联系方式的信息最为重要。

5）最好的做法是直接约请客户来现场看房，约请客户时，应明确具体时间和地点。

6）挂电话之前应报出业务员自己的姓名、手机号、联系电话，欢迎客户随时咨询。设法让客户记住你。

7）等客户先挂电话，销售人员挂完电话后马上填写《来电客户登记表》（表4-2）。

来电客户登记表　　　　　　　　　　　　　　　　表4-2

___年___月___日　　　　　　　　　　　　　　主管确认_____

来电时间	客户姓名	居住区域	认知途径						接听过程			结果		联系电话	销售员	备注
			报纸	户外	短信	网络	电视	介绍	其他	咨询内容	需求面积	价格反应	预约上门时间	实际上门时间			

当天来电总计_____个　　　　　　　　　　　　当天有无广告_____

（3）接听技巧

1）接听电话时要保持微笑，嘴唇要稍稍离开话筒。注意语言精练，语速和缓，语气亲切、柔和。交谈中插入"是的"，"我明白"，"喔"之类的话，让客户知道你在倾听。

2）接听电话时，尽量由被动回答转为主动介绍、主动询问，突出楼盘的特点，不过多谈论房源、价格等细节问题。

3）介绍项目要有信心，树立专业形象，以吸引客户。但应尽量避免使用专业术语。

4）要控制接听电话的时间，一般以2~3分钟为宜。且热线电话只能接听，严禁打出。

5）及时将客户来电信息整理归纳，与现场经理、广告制作人员充分沟通交流。

【语言技巧】

"我想，在电话中我们不方便很详细地跟您介绍，不知道您是否有时间来售楼处看一下，我将为您做详细的介绍。"

"张先生您看，您星期六过来还是星期天过来？"（二选一法）

"对不起,王女士,由于这部是热线电话,咨询量较大,若通话时间太长,可能影响其他客户,方便的话能否留下您的联系电话,我马上用其他电话给您回复。"(既不占用热线太长时间,又能留下客户的联系方式,而且让客户感受你服务的热情,可谓一举三得。)

【婷婷文件夹】

热 线 电 话 接 听

"……"电话铃响(三声铃响前必须接起)

陈婷婷:您好!公园壹号售楼处!

客　户:你们卖的是什么房子啊?

陈婷婷:我们现在正在推出一期2号楼的住宅房,请问您是怎么知道我们这里的房子啊?

客　户:哦,我是看到你们在报纸上登的广告,真的只要3980元/平方米?

陈婷婷:是的,那是我们的均价,请问您是几个人住?要买多大面积的?

客　户:准备结婚用的新房,大概100～110平方米的。

陈婷婷:噢,我们这里有两种三房设计的户型,都比较适合您,您看,您现在方便吗?可以直接来我们售楼处,我详细给您介绍一下,户型都很紧凑实用的。

客　户:我现在没空,明天下午吧。

陈婷婷:好的,请问您贵姓?联系电话是多少?

客　户:我姓潘,手机号码是1281355××××。

陈婷婷:好的,潘先生,我是这里的置业顾问小陈,明天下午两点我在售楼处等您,好吗?您直接过来找我就可以了。

客　户:好的。

陈婷婷:您还有什么问题吗?

客　户:暂时没有了。

陈婷婷:那有什么问题您明天过来后我再慢慢给您解答,明天见!

(等客户先挂电话,陈婷婷马上记录相关信息)

【任务拓展】

背景介绍

咨询客户:你是一位正计划购买房产的客户。你已经看到了公园壹号楼盘的房产广告,广告中的信息比较符合你的要求。但你此时想更多地了解一些其他相关的情况,因此你拿起电话进行咨询。你不愿意将自己的电话告诉陌生人,但如果对方的确很有诚意来帮助你,你也会给他一个机会。

置业顾问:你的手中拿着当前的楼盘广告,正在等待着客户的咨询电话。你已经十分熟悉自己楼盘的相关情况,也了解此次广告中的内容。运用你所学到的接听电话技巧来解答客户的疑问。你预期的结果是留下客户的联系方式,以便约见面谈。

要求：两人一组练习接听客户咨询电话，要求流程规范、语言得当。

4.2.2 迎接客户

心理学上将第一印象产生的作用称为首因效应。第一印象在人认知中产生的一定作用，往往会成为双方今后相互交往的依据，因此初次与客户面谈是销售中最重要的 30 秒，是直接关系到今后销售工作顺利与否的重要环节。售楼处精美的装修布置、销售人员得体的仪表、专业的谈吐，能给客户带来信任；否则，给客户留下糟糕的第一印象，今后将很难改变。

1. 迎客准备

（1）编制《客户接待顺序表》，明确销售人员的接待顺序及规则。

（2）销售现场的整理，保证设备道具的完好、工作台的整洁有序、室内室外的环境卫生等。

（3）销售、保安及相关工作人员统一着装，精神饱满，进入工作状态。

（4）准备好销讲文件夹。销讲夹是销售人员流动的工作台，是案场最宝贵的资料，工作时要求随身拿好，切不可随意乱放。销讲夹内应放有：近期力推的楼盘户型图、价目表、最新的房产广告、对销售有利的市政信息、政府文件、竞争楼盘相关资料、按揭须知及利率表、个人名片、电光笔、水笔、计算器、客户资料记录本等。

2. 基本动作

（1）客户到达门口，门边站立的保安负责拉开门。每一个看见客户的销售人员都要主动上前迎接，并彬彬有礼地说"欢迎参观"，提醒其他售楼员注意。

（2）负责站接的售楼员应立即上前，热情接待。下一位站接的销售员应迅速补充到站接台。

（3）帮助客人收拾雨具、放置衣帽等。

（4）通过随口招呼，初步区分客户的性质，了解客户来自的区域和楼盘认知途径。

（5）询问客户是否与其他业务员联系过，如果是其他业务员的客户，请客户稍等，通知该业务员前来接待；如果该业务员不在，则按案场接待规则所指定人员接待；如果是新客户，则进入详细介绍阶段。

3. 迎客技巧

（1）售楼人员应仪表端正，态度亲切。站接人员应站姿标准，注意力集中。

（2）接待客户通常一次只接待一组，最多不要超过两组。

（3）对每一位客户应一视同仁，切忌以貌取人。若非真正客户，也应提供楼书等资料，作简洁而热情的介绍。

（4）不管客户是否当场决定购买，都要送客至售楼处门口。切忌背后议论客户。

（5）没有客户时，也应注意现场整洁和个人仪表，随时给客户以良好印象。

【语言技巧】
"您好，欢迎参观。"
"您好，您来看看房子?"
"您以前来过吗?"
"您是否与我们的业务员联系过?"
"您好，有什么可以帮助您?"
"请问，您是看了我们的广告还是亲友介绍的啊?"
"您好！请随便看。"
"有兴趣的话，可拿份详细资料看看。"

【相关链接】

最 佳 接 近 时 机

(1) 当客户长时间凝视模型或展板时。
(2) 当客户注视模型一段时间，把头抬起来时。
(3) 当客户突然停下脚步时。
(4) 当客户目光在搜寻时。
(5) 当客户寻求售楼员帮助时。

【任务拓展】
背景：房地产营销实训室大门外走来了一组看房的客户。室训室内，保安立于门一侧，另一侧站接人员正等待迎接客户。
要求：以小组为单位模拟练习迎接客户，学会与不同客户寒暄，并引至模型区。注意动作规范标准，语言得体。

4.2.3 推介楼盘

商品房购买行为具有成本高、决策难、专业性强、后验性显著等特点，客户初来售楼处，大多数对产品信息知之甚少，且购买心理复杂，需要销售人员进行专业细致的介绍。迎客寒暄后，售楼员就进入了与顾客的推介洽谈阶段，这是售楼的关键环节，直接影响顾客的消费心理和购买行为。一个好的售楼员，凭借其良好的专业素养、丰富的经验、合理置业方案对客户进行主动积极引导，可以激发消费者的购买热情，赢得客户信赖，将没有买楼意向的顾客变成潜在顾客、将潜在顾客再变为准顾客、最终将准顾客变为业主，甚至是老客户。通常业内将销售引导能力作为评判个人销售才能的重要标准之一。

楼盘推介是一个从基本信息到详细信息逐步深入的过程，大致介绍流程是：总体模型→单体模型→户型模型→工地→样板房→洽谈成交，对客户的了解、分析和把握则贯穿于推介洽谈的始终。案场情形各异，准备到位的案场设施道具一应俱全，可能会从墙上的区位图介绍开始，而条件有限的案场，设施道具配置简单,销售人员应依据实际情况灵活运用,唯一不变推介法则是销售人员应始终如一地对产品保持坚定信心。

1. 解说沙盘模型

一进售楼部大厅,最引人注目也最方便介绍的便是沙盘模型了,它通常被设计在参观动线的第一站。接待中,随着销售人员亲切的话语,"先生,您第一次来,我先为您介绍一下我们楼盘概况",沙盘模型的介绍便开始了。

(1) 基本动作

1) 开发商实力背景简介,增强购买信心。

2) 打开电光笔,指明售楼处在沙盘中的具体位置,向客户介绍进入售楼处的路线,建立客户空间想象。

3) 介绍项目的地理位置及交通优势,在未来城市发展中的功能。

4) 介绍小区的基本概况、规划布局、建筑风格,突出项目的整体设计理念。

5) 介绍项目的景观优势,如水景、广场绿地等,突出项目的卖点。

6) 介绍项目的配套设施,如商业、学校、运动场所等,强调生活的舒适、便捷。

7) 介绍开发进度,销售的栋号,基本房型,询问购买意向,重点进入意向单体的优势介绍。

(2) 解说沙盘技巧

1) 交谈过程应适时询问,初步把握客户的真实需求,如购买目的、家庭人口、经济实力等,询问是发掘客户潜在需求最有效的方式,之后采取针对性的推销策略。

2) 当客户超过一个人时,注意区分其中的决策者,把握他们之间相互关系。

3) 注意突出重点,对楼盘特点及指标参数要反复向客户强调,以加深印象。

4) 介绍时做到热情、诚恳、自信,主导谈话的过程,努力与客户建立相互信任的关系。切忌作无法兑现的许诺。

5) 单体优势事先要充分准备,深入分析挖掘,解说时要兼顾客户需求,引起共鸣。

6) 沙盘解说要准确而又熟练、简洁而又有侧重,力求灵活机动,详略得当,切忌生搬硬套;语音、语速适度,时间不宜过长,以 3~5 分钟为宜。

【语言技巧】

"我想,如果我们对照沙盘模型来探讨也许更加具体。"

"请问您是自住还是投资?"

"请问您是自己住还是为子女准备的?"

"请问您买房准备几人居住?"

"请问您需要多大面积的?"

"距最近的商业街,步行仅十分钟;距最近的小学、幼儿园,步行仅五分钟;附近有××路公交线路;其他娱乐设施……"

"您对我们园林设计及超大泳池印象不错吧。"

【婷婷文件夹】

公园壹号沙盘解说

今天潘先生来到了售楼处现场，陈婷婷热情地接待他，经简单的寒暄后，陈婷婷开始介绍沙盘模型。

公园壹号项目是××房地产开发有限公司打造的首个大型生态住宅项目，位于常州城西最具发展潜力生活中心区域，钟楼经济开发区管委会对面，北临星湖大道，南邻星园路，西抵五星路，东侧紧靠常州生态公园——星湖公园，占据了公园头等舱的位置。周边交通便捷，52路、39路、BRT2号线等多条公交线路直达各区，贯通城市南北的龙江高架距小区仅百余米，让您的出行更通畅。周边欧尚超市、北港医院、北港中小学以及菜场、银行等配套设施齐备。本区规划中的大型商业中心宝龙城市广场不久将要落成，这座集购物、休闲、娱乐等为一体的超大型城市综合体，将大大方便您的购物需要，更为您的业余生活增添亮丽的色彩。

公园壹号项目总占地面积10.11万平方米，16栋高层建筑错落有致，总建筑面积25.28万平方米，以住宅为主，配套有社区商铺，是一个功能齐全、环境优美的现代大型生活社区。整个小区地块方正，采用圆环形道路的设计，充分体现了华夏文明"天圆地方"的建筑美学价值观。

小区秉承自然生态的设计理念，努力打造城西中心双公园的人居家园。与星湖公园零距离的天然优势，不仅保证了社区内共享到高品质的绿色资源，也给喧嚣的城市生活一片宝贵的宁静。小区内部环境设计充分汲取自然生态特色，绿化面积36400平方米，绿化率高达36%，景观开阔幽静，彰显人与自然的和谐统一。超大规模的集中绿地、精致的组团园林、碧水荡漾的人工湖，让您与自然更亲近！内外公园相互映衬，相得益彰，使社区景观与公园风景相互融合，为您打造一方在公园生活的风景佳地。人车分流的环形道路、有序的双行道大门、轻松自然的休闲广场、优雅的会所，处处体现着小区设计的人性化。

建筑是社区的核心，公园壹号的建筑设计力求与公园景观保持最佳视角，全部建筑南偏东5～15°，70%以上的房源都可以在不同的角度享受公园美景，使居住的价值得到最大的发挥。小区采用的是现代建筑风格，弧线的应用改变了外立面的单调与死板，与中心景观弯曲的水域和谐共生。整个楼盘采用浅色系建筑材料，主要采用暖色外墙面砖和白色涂料相结合的材料搭配，形成清新明快的现代建筑风格，在绿树掩映下呈现出世外桃源般的人居画面。户型设计坚持以人为本，铸就精致生活空间。大开间、短进深、简洁紧凑的户型设计，阳光通透，健康舒适；270°步入式观景飘窗设计，增加空间利用率，收景纳光，开阔人生视野；平开窗方式，彰显人文关怀，空气更清新，采光面更大，生活无限明媚。智能化排水、供电系统保证您生活安全与便捷，细节呵护尊崇生活。

小区共分三期开发，一期现推出的2号楼是特色景观房，萃取各类户型的精华，有精致的二房、舒适的三房，面积在80～130平方米之间，多种经典户型设计供您选择,在这里绿色的风景成为生活的点缀,您可以尽情地在园林、流水、鸟鸣的如画风景中徜徉、呼吸、生活。清晨,迎来第一缕绿色的阳光,清风微拂,公园绿海带来最鲜美的空气,神清气爽,充斥着新鲜的空气让呼吸成为生命之外的享受。下班回家,一抹余晖在树梢掠过归来的身影;饭后,一家人漫步公园,惬意的情感、天伦的亲情在小溪边、草地上自由的漫步流淌。相信这必定是您理想的家园。

【任务拓展】

要求:

(1) 熟悉房地产营销实训室沙盘模型,能熟记楼盘的地理位置、交通、建筑规划、景观、配套等详细资料,能熟记每栋每单元的面积、房型等,并分小组练习沙盘讲解。

(2) 选择样本楼盘进行实地调查,采集数据及图片资料,以小组为单位编写样本楼盘的沙盘解说词;简单制作道具或借助于多媒体手段模拟进行沙盘解说。条件许可,可以选择在校外实训基地现场解说。

(3) 以小组为单位提交样本楼盘的沙盘解说稿。

2. 推荐单元

通过前期的交流,销售人员对来访客户的购买目的、购买意向有了大致了解,此时应结合楼盘的项目特点和销售节奏进行综合分析,迅速制定单元推荐策略,确定首推单元,再推单元。单元推荐需要一个过程,往往不可能一次成功,有的甚至会反复多次。

(1) 基本动作

1) 收集客户信息,判断客户购买意向。

2) 推荐合适单元,在沙盘中指出其具体位置,然后引导客户至户型模型前,若无户型模型则提供户型图。

3) 介绍单元基本情况,如房型结构、面积、功能分区、朝向、采光、通风等。

4) 针对单元特点突出优势分析。如两房的精致、三房的舒适、四房的豪华。

5) 帮助客户个性设计,接受客户咨询,解答疑问。

6) 如此反复,最后锁定意向单元。

(2) 推荐单元技巧

1) 让客户参与到谈话中来,收集客户信息,力求信息全面、准确、实用。

2) 准确分析客户需求,特别关注客户提出的必要条件。

3) 单元的选择须兼顾项目销售节奏、房型推荐策略和客户需求,推荐理由阐述应充分到位,多站在客户的立场考虑问题,给客户以信赖,从而达到主动引导的效果。

4) 专业知识必须全面、楼盘信息资料要求准确无误,做到有问必答,答而精准。

5) 关注客户的反应,以确定推荐单元是否获得认可,及时采取应对策略。

6) 注意推荐尺度,既不要轻易放弃,也不要过分执着。

7) 针对客户的个性特征,合理地运用心理策略,激发客户的占有欲望。

【语言技巧】

"请问您需要什么样的户型,我可以为您提供一些帮助。"

"您心目中理想的房子是什么样的呢?"

"考虑到您的……,我建设您……"

"您现在住的房子有什么优点和不足呢?"

"这是您需要的户型的平面,它有这样的一些优点……"

【相关链接】

户 型 评 判

人们认为的优秀户型通常具有户型方正、南北通透、全明设计、主次分离、动静分离、干湿分离等基本特征。具体来讲,户型的优劣可从以下几方面加以评判:

(1) 安全性。指住宅要具有防盗、防火、抗震和抵御自然灾害的能力,且具有一定的私密性。

(2) 功能性。一个好的住宅户型应能满足起居、饮食、洗浴、就寝、储藏、工作、学习这七项基本功能需求。功能分区时,应做到动静分区、洁污分离、干湿分离。动静分区是指动区(客厅、餐厅)与静区(卧室、书房)隔离,互不干扰;干湿分离是指保持干燥空间(卧室、客厅)与可能被水浸的区域(厨房、卫生间、浴室)分离;洁污分离是指洁污分区,厅、卧与卫、厨分开,保持房屋在声音、气味方面不相干扰。此外,入户后设计玄关作为内外空间过渡,给人心灵上的适应过程,是居住品质的体现;阳台数量的多少也对生活的便利和舒适有很大作用。

(3) 面积恰当、尺度适宜。从功能和经济角度讲,比较合理的卧室面积在12~15平方米之间;由于目前比较流行大客厅,客厅面积在21~30平方米之间比较适宜;卫生间、厨房、健身房、储藏室各占4~5平方米,阳台占5~6平方米。客厅的开间不应小于3.9米,否则会影响看电视的距离,有时考虑一定的舒适度要求,则面积可适当大一些,客厅开间4.2米;主卧开间不小于3米;餐厅净宽应不小于2.4米;厨房净宽度不应小于1.5米;带浴缸的卫生间净宽度不小于1.6米,如为淋浴则净宽度不得小于1.2米。同时要注意的是,在满足开间的基本尺度后,要考虑进深与开间的比例最好不大于1.5:1,否则会给人空间狭窄的感觉。

(4) 空间利用率和得房率。空间利用率是指房屋空间的利用效率,空间利用率高就是指相同的面积能够容纳更多的功能或者提供更高的舒适性。一般说来,房子内部少些"金边银角",少些形状不规则的空间,少些纯粹用于交通的过道面积,会相对提高空间利用率。如在厅中的门应尽可能减少,留出足够摆放家具的稳定空间。得房率是指房屋套内建筑面积与建筑面积的比值，得房率越高表明房屋的使用率越高，公摊面积越少，一般来说得房率高的户型比较被看好。但是，一个得房率很高的户型如果空间利用率很低，可能反而不如得房率一般但空间利用率很高的户型来得实用。所以，对于得房率还是应该辩证地对待，除了考量空间利用率，还要特别注意到一些较为高档的产品，增加了电梯、楼道面积甚至大堂，公摊面积势必增加，得房率虽降低，但是业主的生活将更方便、舒适。

（5）动线合理。动线可以理解为人在户型空间内活动的路线，尤其是使用部分空间功能时必须经过的路线。动线的合理来源于功能平面布局的合理，如厨房应该紧靠餐厅，才方便备餐与就餐；厨房的位置也最好设置在入户门附近，使买菜和清除垃圾不会给室内带来太多污染；厨具应按洗、切、烧的顺序合理布置。另外从一个空间到另一个空间最好不要穿过其他功能区，这样会破坏这一功能区的完整性和私密性。

（6）健康性。包括：朝向合理、日照充分、光线充足、通风良好、空气新鲜、温度适宜、安静舒适。①朝向。中国所处北半球，阳光从南面照射过来，朝南是住宅的最好朝向，南偏东或者南偏西亦可，但不可大于45°。不仅如此，还需要注意朝南房间的数量，采光面的宽度，以及采光面是否被阻挡。②通风。住宅应有良好的自然通风，即应在相对外墙上开窗所形成的穿堂风或相邻外墙上开窗所形成的转角通风。③进深与面宽。进深是指整体房屋的南北向长度，面宽又称开间，是指房屋东西向的宽度。一般认为，进深小，开间大为好，即东西长，南北略短的户型较理想，因为这样南北通透，光照更彻底。如果进深太大，南北两面的光线都不足以照射到房间的中间区域，形成暗区。④楼层。通常楼层越高，悬浮物灰尘越少，空气越好，噪声也小，夏季蚊虫也少，景观更好，人远眺时心情越好。但这并不绝对，如顶楼也会存在漏水、节能等问题，因此业内人士普遍认为在整个楼的高度为2/3处为最好。

优秀户型赏析

户型特色：

(1) 经典豪华三房，大气空间，全明设计，格局明快。

(2) 以观景为主题，占据赏景极佳位置，欣赏湖景的如画生活。

(3) 空间布局自由灵活，感受阳光通透，成就生活品质。

(4) 完全的动静分离，南北空气对流设计。

(5) 客厅与两卧室朝南，采光充足，饱览区内美景，私密性强。

(6) 朝南主卧带步入式衣帽间，配备独立卫生间，通风情况好，凸显主人的尊贵身份。

(7) 独立的用餐空间，配以宽敞的厨房和操作阳台，让你的居家生活更为方便。

(8) 会客厅与餐厅相连，并配以南北观景双阳台，空间景致入室即享。

【任务拓展】

要求：

(1) 以小组为单位对样本楼盘的主推户型分析，列出其优劣。

(2) 在房地产销售模拟实训室进行户型模拟推荐。

(3) 在市场调查的基础上，以小组为单位制作简单道具，进行样本楼盘主力户型介绍。

3. 带看样板房

客户了解楼盘产品的基本情况，并产生一定的购买兴趣后，样板房的参观将会给留客真实的体验，起到很好的促销作用。销售人员此时应主动提议，并设计好看房路线，带上必要的工具，指引客户前去看房。

样板房是一种体验营销手段，它提供一个非常直观的环境，让消费者真切地感受自己的需求，其前卫的设计、精美的装修会给消费者强大的视角冲击，刺激购买欲望，使人难以忘怀。而且样板房的设置便于销售员与客户交流互动，帮助销售人员更好地把握客户的心理，展开推介活动。随着房地产买方市场时代的来临，样板房、样板区在发达地区已成为普遍采用的营销手段，但开发商必须牢记一点，建成的实际现场与样板应大体相当，否则对楼盘的形象和后期销售的影响将会是致命的。

(1) 基本动作

1) 嘱咐客户戴好安全帽及其随身所带物品，按事先设计好的看房路线引导参观。

2) 结合工地现状、周边特征、小区规划，充分利用路上时间边走边介绍，让客户形成真实的感受并为你所吸引。

3) 根据客户需求和喜好，确定推荐策略及参观的重点户型。

4) 到达单元，可配合门口设置的户型图，强调单元房型、面积，提醒客户穿好鞋套，引导参观。

5) 进入单元时，设计好解说顺序，迅速判断各分区的朝向，并报出各区域的面积,对样板房格局、功能设置作详尽说明。注意根据客户关注点及时调整解说的重心。

6)突出楼盘的卖点,将特色转化为利益,刺激其购买欲望。

7)站在客户的侧后,由客户自行看房,并适时地解说,引导客户关注没留意到的优点、细节。

(2)引导参观技巧

1)事先规划好带看工地路线,其设定原则:突出中央景观等亮点,避免或转化产品的不利因素,注意沿线的整洁和安全,不宜在工地上停留时间过长。

2)在通道、房门较窄处必须侧身让道,客户先行。

3)若需参观多套样板房,以"先中、后优、再差"原则安排参观。注意保持样板房的整洁。

4)熟悉样板房的结构、建材及新型的智能设施等,随时接受客户的咨询。

5)进行适当的市场对比分析,突出项目优势,但不要强调所推荐的房产为最好。

6)应多站在客户的立场考虑,与客户发生分歧时,保持镇定,绝不与客户争吵。

7)接待客户时要统一口径,不对客户承诺公司未完全确定的销售政策、优惠条件及其他事项,不得泄露公司保密资料。

【语言技巧】

"您最喜欢这所房子的什么地方?"(加深客户对房产的印象)

"您曾经提到过,想要个大阳台,您能告诉我您打算如何使用这阳台吗?"(了解客户生活方式)

"同第一处房型相比,您为什么更喜欢第二处房子?"(帮助客户缩小选择的范围)

"您是否可以考虑选购一套房子作您的新家呢?","您有什么顾虑吗?能否告诉我,让我们一起讨论一下好吗?"(帮助客户作决定)

"您是在说……","您能告诉我更多有关……","您能进一步解释……"(澄清疑虑)

"对于您的想法,我能够理解。其他业主也会有同样的想法……","我能够理解您的想法……","这是一种合理的观点……"(认可疑虑)

"我们现在有很多客户……","我可以帮助您……"(打消疑虑)

"考虑到您家里有个可爱的孩子,我建议您把这个阳光灿烂的小房间作为您孩子的小卧室。"(为客户造梦)

【婷婷文件夹】

公园壹号样板房解说

　　根据潘先生的购房需求，陈婷婷选推了一种户型，现正引导潘先生来参观样板房。

　　这是我们楼盘热卖的一种户型，三房两厅一卫，面积是105.6平方米，客厅和主卧朝南，次卧和书房朝北，属于南北通透户型。这里是朝南的主卧室，您看，这间主卧室南边带有一个凸出去的景观飘窗，闲暇时您可以和家人坐在窗前晒晒太阳，悠然眺望公园美景，享受惬意人生，这个飘窗的面积是赠送的。这个户型最大的优点就是凸出去的飘窗和大开间、短进深，南北通风，采光明亮。这边就是一个朝北的次卧室，将来就是您家宝宝儿童房了，它和南边的主卧室大致相仿，也属于大开间、短进深的一间卧室，在这里也设计了一个凸出去的景观飘窗，房间采光是非常透明的，赠送的面积给您带来更多的实惠，您可以按自己家庭的喜好，以后放置一些盆景，或者摆放小饰品，都是非常不错的居家点缀。这间是朝北的书房，书房嘛，也同样带有一个凸出去的赠送的景观飘窗，延展了书房的空间感，让它更显宽敞明亮，您在这里工作学习视野开阔，心情愉悦，非常舒适。客厅是朝南的，即使在冬天您也能感受阳光的温暖，在客厅的南边有一个晾衣阳台，在这儿一边欣赏园内美景、呼吸新鲜空气，一边做做运动，也是很幸福的。客厅和书房的中间就是一个餐厅，这样的设计使整个户型南北通风、采光透明。而且餐厅紧邻厨房，一日三餐都很方便舒适。您看这个厨房，它是比较宽敞的，在厨房的北边还带有一个工作阳台，让您储物更轻松，利用率是相当高的。这边就是卫生间，卫生间也是属于全明设计，卫生间的面积也是比较宽敞的，它可做盆浴也可做喷淋。

【相关链接】

成 功 的 技 巧

　　(1) 闲聊。闲聊是打破僵局的最佳办法之一，也是销售人员必须具备的营销技巧。因为闲聊时对方通常比较轻松，易制造了一个轻松且具亲和力的氛围；通过闲聊可以发现共同点，行为学研究表明，一开始就表现出与对方相同的观点，对方更容易同意你在后面要讨论的问题；闲聊中客户对房产的需求也会自然流露出来。为了达到良好的效果，售楼员应尽量了解并记住客户的相关信息，如特长、爱好等，并丰富自己的知识面，准备好各类谈资，以胜任与不同类型客户的闲聊。当然闲聊时间不宜太长，可穿插于产品介绍中。

（2）适度赞美。赞美是人性中共同的需要，每个人都渴望被赞美，适当赞美能建立良好的沟通氛围，但过度夸张的赞美则会让人生厌。因此售楼人员要把握住不同客户的心理需求，巧妙而得体地赞美客户，就能取得极佳的促销效果。例如接待有头衔的男士时，可以说"先生这么年轻就是公司的经理（董事），实在不简单，哪天有机会向您请教成功的秘诀！"如接待无头衔的男士，在介绍到一定进程时则可说："先生仪表出众，独具慧眼，能看准我们的楼盘，相信不久将来一定会有所作为的！"年轻人喜欢赞美他的潇洒能干，中年人喜欢赞美他的事业和成就，老年人则喜欢赞美他的阅历和经验。夫妻同来参观或携带子女同行的，可以在先生面前赞美太太，在太太面前赞美先生，在夫妻面前赞美小孩。

（3）目光接触。目光接触可以帮助谈话双方言语同步，造成双向交流。见面后马上进行目光接触，表达出自信、肯定、探询、热情、真诚，没有目光接触或东张西望，会被认为不诚实、不自信，而长时间盯着人看，也会给人以紧张感和压迫感。建议平均每次目光接触不超过 3 秒，然后移开一下，先朝下看，再移回来。

【相关链接】

常 见 的 问 题

（1）客户一来，就请他写问卷调查，这样做最容易让客户产生戒心。

（2）一见到客户就沉不住气，一副急于出售的样子。轻者客户会认为你太急切，不想和你沟通，重者客户会认为该楼盘卖得不好。

（3）因为客户口头说"不错"，就以为买卖将成交。这种自以为是的心态，是基层业务员常犯的错误。没有详尽考察分析，就认定对方必然会买，这只是一厢情愿。

（4）拼命解说楼盘优势，明显的缺失却避而不谈，甚至因为客户未提及楼盘明显弱点而庆幸，这是一大失策，是低劣的行销。这种情况通常客户是会发现的，却未必会说破，但其购买意愿却可能会降到最低点。天下没有十全十美的商品，你不妨直说："这房子还有个小小的缺点，我必须告诉您，这也是所以降价的原因。"能以诚相待，自动点破轻微的小瑕疵，反而能取得客户的信赖。

（5）对客户的看法不理会，不进行解释，甚至一概否决。正确的做法是应该及时作出正面回答，如果自己回答不了要及时请教同事或请示主管，或记下来并承诺客户会在以后给予答复。你可以不同意客户的观点，但绝不可以忽视客户的观点！

（6）客户初次光临，就认定他不可能作决定，而掉以轻心。这种做法，无异于赶潜在客户出门。各人想法不同，行事准则各异。有人即使是第一次来，也会购买。有人来了十几次，你说破了嘴，他还是不满意。所以购买与否和第几次来没有必然关系。

（7）一开始就先攻击同行。攻击同行或别的楼盘会起相反效果，客户会认为你害怕竞争，或者你想把不合格的产品推出去。专业售楼员只会欢迎竞争，百分之百对自己和产品有信心。这样客户才会买你的房子。

【婷婷文件夹】

公园壹号楼盘销售说辞（答客问）提纲

答客问是每个楼盘必备的重要销讲资料，是销售人员在售楼过程中的统一说辞。通常由案场经理组织人员，针对楼盘的概况、优势、劣势，设计客户可能会提及的各类问题，并准确、巧妙地给出回答，然后让每一位销售人员熟记在心。这样做既可以让售楼员在客户的林林总总的问题前应付自如，尤其是对于抗性问题的机智回答，能显示销售人员专业素养，同时又可以借助答客问强调说辞的统一性、规范性，维护了楼盘的整体形象。

一、服务商
1. 本项目是由哪一家开发商所开发？曾开发过哪些项目？几级资质？
2. 本项目的建筑设计单位是哪家？
3. 本项目的景观设计单位是哪家？
4. 本项目的施工单位是哪家？建造质量如何？
5. 本项目的监理单位是哪家？
6. 本项目的销售代理是哪家？
7. 本项目的物业管理是哪家？接管了哪些物业？

二、环境
1. 小区的位置在哪里？具体的地址是什么？邮政编码是多少？
2. 项目的售楼中心地址在哪里？电话号码是多少？
3. 小区属哪个行政区域？属哪个街道？属哪个警署辖区？
4. 小区附近有哪些公交线路？沿途的有哪些主要站点？
5. 小区周边是否有农贸市场？距离有多远？
6. 小区附近有无便利超市？有无商场？
7. 最近的银行、邮局在哪里？距离有多远？
8. 小区附近有何娱乐场所和设施？
9. 最近的加油站在哪里？距离有多远？
10. 附近有哪些医院？距离有多远？
11. 小区的对口学校是哪所？附近还有哪些学校？距离有多远？
12. 小区附近有何市政规划项目？
13. 小区动工之前，该地块做何用途？

三、产品

1. 项目占地面积多少平方米？
2. 项目总建筑面积多少平方米？其中住宅、商业建筑面积各多少平方米？地上、地下各多少平方米？
3. 小区的绿化面积为多少平方米？绿化率为多少？
4. 小区的容积率为多少？建筑密度是多少？
5. 小区环境有何特色？建筑风格如何？
6. 项目有国有土地使用证吗？使用年限多少年？起始年月？
7. 项目有商品房预售许可证吗？批号是多少？
8. 项目规划多少栋楼？分别是多少层？规划总户数为多少？分几期开发？
9. 项目何时开工？何时竣工？项目何时交付使用？目前进度如何？项目何时开盘？
10. 房屋之间的楼栋间距是多少？日照间距系数是多少？
11. 各栋分设几个单元？一梯几户？设几部电梯？
12. 项目共有多少种房型？主力房型是哪几种？每种房型具体位置？面积为多少？
13. 每套单元的客厅、餐厅、卧室、卫生间、厨房、存储间、阳台、空中花园如何分布？面积各为多少？
14. 地下室的高度、每层的高度及室内净高各为多少？
15. 公摊面积主要包含哪些？如何计算的？是由谁来测算的？
16. 得房率是多少？
17. 小区交通条件如何？是否实现人车分流？小区道路多少米宽？小区内是否有残疾人通道？
18. 小区设几个出入口？分别在哪里？
19. 小区地上、地下各有多少停车位？是划线车位还是独立车库？车位配比是多少？
20. 车位是出租还是出售？价格如何？
21. 小区有会所吗？在什么位置？面积有多少？
22. 小区有哪些配套设施？如何规划？如何管理？
23. 小区变电站有几个？在什么位置？有无防辐射措施？
24. 煤气调压站、垃圾中转站安排在小区什么位置？
25. 小区内是否有人防系统？

四、工程

1. 房屋的建筑是采用什么结构？
2. 小区供水系统如何？几层开始二次供水？水质如何保证？小区的上水系统用何材料？
3. 建筑外墙采用什么样的材料和颜色？
4. 楼梯及走道的装修标准如何？楼梯间采用何种照明开关？
5. 电梯是否直通地下车库？电梯选用什么品牌？速度多快？载量多大？维修

效率如何？

6. 每个单元口是否有信箱？

7. 进户门、单元门为何材质？什么品牌？

8. 除进户门外是否还有内门？窗框及玻璃为何材质？什么颜色？

9. 室内设计是否可以变更？有什么限制和手续？

10. 房屋交付时，水、电、煤、电话、有线电视等能否同时到位？"三表"是否出户？小区电视、网络系统是哪种形式？

11. 有无 24 小时热水供应？

12. 厨房、卫生间的交付标准是怎样的？厨房有无脱排油烟机排烟孔？卫生间有无浴霸排气孔？

13. 交房时墙面标准是怎样的？

14. 套内用电容量为多少？室内排线有几个回路？电线是什么型号？

15. 空调外机有无预留机位？外机如何排水？

16. 阳台是否预留排水孔？

17. 小区的屋顶是如何设计的？顶层如何隔热防漏？

18. 房屋购买后的保修期多长时间？保修期内外房屋维修应如何分别处理？维修基金有何用途？

五、物业管理

1. 小区物管用房在什么位置？

2. 物业管理费单价多少？主要包括哪些服务项目？服务标准如何？物管费多长时间收缴一次？如何收缴？

3. 如果我暂不入住，物管费如何收取？

4. 电梯日常使用和更换费用如何收取？一楼是否收取电梯费？

5. 小区是否是全封闭的？小区的安全保护系统如何？

6. 小区是否 24 小时保安？小区保安是专业的吗？

7. 有无红外线周界报警系统？有无楼宇访客门禁系统？功能分别是什么？

8. 电梯是否有远程自动监控系统？若无，有哪些防故障措施？

9. 一楼住房是否可以做防盗窗？

10. 小区的绿化有专人打理吗？

11. 小区车辆如何停放管理？

12. 有无背景音响广播系统？如何实施管理？

13. 每天的生活垃圾放在什么地方？怎么处理？

14. 装修队进场，物业公司是否会对其进行管理？

15. 阳台能否封闭？是否可以做阳台伸展晾衣架？

16. 业主委员会何时成立？

六、销售

1. 买受人在身份上有什么限定？

2. 本楼盘的价格如何？均价为多少？

3. 栋与栋之间的差价是多少？平面之间的差价是多少？楼层之间的差价是多少？
4. 付款方式有几种？每一种付款方式的折扣为多少？
5. 现在购房有什么优惠措施？
6. 有无内部登记？诚意金是多少？诚意金可否退回？何时退回？下诚意金能取得什么额外优惠？
7. 定金是多少？下定金后多长时间内交首付款？
8. 首付款为几成？付款的汇款汇到开发商的哪家开户行？账号是什么？
9. 公积金贷款的条件是什么？贷款额度、年限、利率分别是多少？
10. 商业贷款的条件是什么？贷款的额度、年限、利率分别是多少？
11. 贷款的程序如何？需要哪些证件？产生哪些费用？
12. 贷款利率是否会随市场利率调整而调整？
13. 成交以后，税费有哪些种类？额度有多少？
14. 签订预售合同或销售合同需要哪些证件？
15. 委托他人签订合同需要准备哪些证件？
16. 在预售期间，户名可否作内部变换？有什么样的条件？
17. 飘窗面积是否全部赠送？空中花园如何计算面积？
18. 交房时，如果发现面积误差怎么办？
19. 购买后，多长时间可以拿到产权证？由谁去办？如何办理？
20. 一期入住后，二期还在建设，肯定会有很大的施工噪声，那会妨碍住户日常休息，开发商如何协调？
21. 若投资，租金可以达到多少？以此计算投资回报率是多少？

【任务拓展】

分小组搜集地方当前的房地产相关政策资料，结合样本楼盘的实际情况，编制样本楼盘答客问并加以问答练习。

4.2.4 客户需求判断

从心理学理论表明：需要激发动机，动机产生行为。人类购买行为的根本动力源于人们未满足的需要。购房者及其家庭情况千差万别，需求也各不相同，这要求销售人员先根据购房者特征进行分类，再深入研究、把握每一类客户的购买需求直至核心需求，针对其关注的内容进行房产推荐，做到有的放矢，从而提高销售的成功率。

1. 基本判断方法

（1）年龄

年龄是消费结构的一个重要因素，直接影响消费者的购买力。一般购房者可分为四个年龄层。

1）26岁以下的年龄层。由于刚工作不久，其购买力相对较弱，如果购房，多数购买的是单身公寓。

2) 27~35岁的年龄层。经济能力处于初步发展阶段，但由于成家等方面的需要，其购房需求较迫切，主要选择普通的两居和三居。

3) 36~55岁的年龄层。他们是房地产市场上最具购买能力的群体，且这个年龄层的购买者收入差别最大，从普通住宅到高档豪宅均是最大的消费群体。

4) 56岁以上的年龄层。多数已经拥有住房，而且子女逐渐独立，自身对住房的需求大减，除少数为子女购房或以投资为主要目的外，自住购房的兴趣较小。

（2）职业

职业差异直接影响人们的收入，目前企业老板、职业经理人、政府高级官员都属于高收入群体，其购房意向基本指向豪宅；而一般商人、会计师、律师、医生等职业人士，多属于区域范围内的中产阶级，其购房意向大多为中高档楼盘的大户型；而普通员工、一般公务员等，由于收入的限制，多数购买的是普通商品房。此外，职业还会影响购房者的消费理念。

（3）收入

房地产是高价商品，收入是影响购买的最显著因素。别墅和高档住宅面对的是高收入群体，处于市区的中档住宅面对的客户群体一般为白领等中等收入群体，而处于郊区或偏远地段的普通商品房所面对的客户群体则是普通的工薪阶层。

（4）文化

不同文化层次的消费者，由于审美观念与文化内涵的差异，对房产的品质要求呈现出较大的差别，尤其是在住房的社区环境、会所配套等方面。文化程度较高的消费者，一般更愿意选择具有浓厚文化品位的社区，他们需要如阅览室、健身房、俱乐部等一些高档次的会所配套；而对于文化程度相对较低的消费者，他们可能对环境的人文内涵不太关注。

（5）家庭

1) 家庭结构。购房时，综合考虑人口及所处的生命周期家庭结构可分为：1人的单身家庭、2人的初婚家庭、3~4人的生育期家庭、5~6人的三代家庭等。很明显家庭人口越多对住房面积需求越大，此外不同结构的家庭关注点也有所差异。初婚家庭对面积要求不高，但要求居室私密，以及客厅宽敞以满足其年轻人广泛的社交需要；生育期家庭对子女教育的需求较为强烈，学区质量及与学校的距离远近是其选择住宅的重要标准；而三代同堂的家庭首先要求有较大面积，其次是考虑保持老、中、少三代人生活空间的相对独立性。

2) 决策者。社会学上按家庭权威中心的不同，将家庭类型分为丈夫决定型、妻子决定型、共同决定型、各自作主型。除少部分房产投资项目会出现各自作主型家庭，大多数应属前三种。因此在销售过程中，售楼人员必须具备细致的观察力、正确的判断力，用最短的时间判断出谁是购买的真正决策者，再围绕决策者的偏好进行推荐，将会起到事半功倍的效果。

（6）购买动机

房地产具有使用和投资的双重性，购买行为亦可分为自用型和投资型。自用型客户关注房产的使用价值，而投资型客户则着眼于房产的增值性和获利性。同为自用型客户又会分不同动机，有求实的、求廉的、求名的、求新的、求美的、从众的，各不相同。初次置业者往往关心住宅的结构和功能，二次置业者的购买目的是提高居住的舒适和改善环境，而高档豪华别墅的购买者则想炫耀自己事业的成功和财力的强大。

(7) 购买阶段

购买者通常经历确认需要、搜集信息、评估选择、购买决定等几个购买决策阶段，据此看房人大致可分为这几种：①成交签约；②有意购买且有既定目标；③有意购买，但无预定目标或购买目标不具体，正处于对比、考察阶段；④不急于购买，来了解情况，增加知识，为以后买房作准备；⑤其他，如市场调查、随意逛逛等。

2. 分析技巧

(1) 分析客户接受信息类型

人们常常喜欢某种信息接受模式，如果用他们所喜欢模式去交流，传递信息会变得更容易。

1) 视觉模式

特征：眼睛从一侧向上看，想象什么事情看起来是什么样子。使用视觉语言"我看不清楚，能让它显示得更清楚吗？"。

应对策略：用语言描绘一幅关于产品的图画，该图画要有色彩、生动。如："想象一下，您的房子坐落在绿树成荫的长街上"，"您的孩子可以在一楼的自家草坪上自由地嬉戏，研究蚂蚁搬家"，"想象一下，日暮黄昏的时候，您可以坐在自家的阳台上享一茗清茶，品优雅人生"。

2) 听觉模式

特征：眼睛保持水平并转向一侧，使用听觉语言"嗨，这让我想起了什么"，"这确实很好听"。

应对策略：多用以声音为基础的词汇和短语，如"听起来，听到，和谐、宁静"，"我们这里像一座城市中的花园，使您充分享受喧嚣中难得的一份宁静。"

3) 触觉模式

特征：眼睛从一侧向下看，使用触觉语言"感觉好极了"，"我有一种预感"，"我觉得"。

应对策略：多帮他感受自己的整体感觉，"您感觉怎么样？"，"这样别致的飘窗，两人世界，共赏一轮明月，可否让您找到浪漫的感觉呢？"。

(2) 分析客户个性特征

1) 理智稳健型

特征：深思熟虑，冷静稳健，不容易被售楼员的言辞所说服，对于疑点必详细询问。

对策：加强产品品质、公司信誉及独特优点的说明，一切说明须讲究合理有据，以获得顾客理性的支持。

2）感情冲动型

特征：天性激动、易受外界怂恿与刺激，短时间就会作决定。

对策：开始即大力强调产品的特色与实惠，促其快速下定。当顾客不欲购买时，须应付得体，以免影响其他顾客的现场洽谈。

3）沉默寡言型

特征：出言谨慎，一问三不知，反应冷漠、表情严肃。

对策：除了介绍产品外，特别需要亲切、诚恳的态度拉近彼此距离，想办法了解其工作、家庭、子女及闲话家常往事，以了解其心中的真正需要。

4）喋喋不休型

特征：因为过分小心而喋喋不休、过于关注细节，常说话跑题。

对策：销售人员要取得客户的信任，加强其对产品的信心。离题甚远时，要寻找恰当的时机引导客户回到主题。从下定金到签约需讲究一个"快"字。

5）优柔寡断型

特征：犹豫不决，反复不断，不敢作决定。比如看好四楼，又看好五楼，过后又觉得六楼也不错。

对策：销售人员要态度坚决而自信，获得客户的依赖，并帮助客户下决定。

6）畏首畏尾型

特征：购买经验缺乏，不易很快作决定。

对策：为客户展示公司开发业绩和良好的社会信誉等物证，介绍楼盘所能体现的生活模型，用事实说话，给客户以购买的信心。

7）神经过敏型

特征：容易往坏处想，干什么都忧心忡忡。

对策：谨言慎行，多听少说，神态庄重，加强说服工作。

8）借故拖延型

特征：个性迟疑、措词不达意、拖延、推三推四。

对策：查明客户不下决定的真正原因，设法解决，免得签约久拖不决。

9）斤斤计较型

特征：心思缜密、"大小通吃"，锱铢必较。

对策：利用现场销售热烈的气氛和销售形势向客户施压，并强调楼盘的优惠和物有所值，促其快速决定，避开其斤斤计较的想法。

10）盛气凌人型

特征：趾高气昂，以下马威"震慑"销售人员，拒推销员千里之外。

对策：稳住立场，态度不卑不亢，尊敬对方，适当恭维对方，找寻客户的弱点作聊天突破口。

11）求神问卜型

特征：决定权操纵在"神意"或风水大师手中。

对策：多看一些关于房产风水的资料，用现代科学的观点来阐释风水，不要被客户所说的虚妄鬼神之学扰乱自己的思维，谈话中要强调人的价值。

(3) 从客户语言分析其心理

1) 当客户说"我想考虑"时,大部分情况是以下原因:

房子太贵,客户资金不够;客户无法自己做主;客户目前不需要这套房子;客户不喜欢这种产品;客户有朋友在房地产业内;客户知道在别处可以购买更低价格或更好的房子;客户对售楼员没有信心;客户不信任开发商;客户在观望。

2) 当客户说"我想买,可太贵了"时,大部分情况是以下原因:

客户已经动心,但觉得楼盘性能价格比不高;真的是房子定价过高;客户可以在别家买到更便宜或更好的;客户希望售楼员能帮助争取折扣或其他优惠;客户感觉不到楼盘的优势或不了解产品;客户希望售楼员能进一步说明、解释,甚至说服客户自己。

3) 当客户说"好的,我要买的话再来找你"时,大部分情况是以下原因:

客户需要售楼员帮助提供进一步的信息和资料;客户要比较其他楼盘后再决定;客户不是可以决定购买的人,需要回去商量或带人再来看;客户已经比较信任你,但你还没能打动客户的心;客户认为房价太高;客户只是随便看看,但他对你的印象不错。

影响房产购买因素众多,且相互交错作用,房产购买是极复杂的购买行为,因此作为销售人员,一方面应根据楼盘的档次、价格定位,分析目标客户群的收入、职业等特征,并进一步分析这部分人群的社会地位、兴趣爱好、购房心态等,把握目标客户的共性特征,便于挖掘并积累有效客户;另一方面,在销售中应根据客户购买动机、购买时机及个性特征等差异,充分运用销售技巧,提供个性化、有针对性的解说与服务,最大限度地满足客户的需求,实现完美销售。

【相关链接】(表 4-3)

客户的身体语言分析   表 4-3

身 体 语 言	含 义
摊开双手,较靠近售楼员,坐在椅子边上,频频点头	开放、真诚
抬着头,手托下巴,身体前倾	评价
漫不经心,很少的眼神接触,嘴唇松弛	冷淡
两臂、两腿交叉,身体后缩,环顾左右	拒绝
身体僵硬,两臂、两腿紧紧交叉,嘴唇收拢	防御
持续的眼睛接触,手伸直,双手合起来放在头后,身姿挺直,下巴抬起,含蓄微笑	自信

4.2.5 深入洽谈

经过模型介绍和样板房参观,客户对楼盘有了总体认识,销售人员对客户的需求也形成了基本判断,此时便进入深入洽谈阶段。销售人员工作的关键是要将客户从看房现场引导至销售案场接待桌，入座后详细讨论关于购房的实质性问题，选择房型、计算房价和月还款额等实际问题，巧妙解答客户提出的各种异议，增强其购买欲望和确保其购买信心。

不过，有些客户看完房后会提出回去考虑，此时售楼员应询问客户电话号码，以便事后追踪，并敏锐地分析客户真实的想法。若客户真是有事要走，售楼员应准备好楼盘资料，附上自己的名片，礼貌地与其道别，请其择日再来；若客户是借故推辞，则表明其意向度不够，售楼员不应强留。看房后是否再次回到售楼处洽谈，这是评判客户对产品满意度及评判售楼员前面销售工作是否成功的常见标准。

深入洽谈

（1）基本动作

1）倒茶寒暄，引导客户在销售桌前就座。

2）根据客户需求及偏好，选择1～2种户型作详尽介绍，但选择的户型和楼层不宜过多。

3）根据图册指出楼位在沙盘上的具体位置。

4）协助客户制订置业计划，列出面积、单价、总价、首付款、按揭月供、相关税费等数据清单。

5）针对客户的疑惑点，进行相关解释，逐一克服其购买障碍。

6）在客户对产品有70%认可度时，设法说服其下定金购买。

（2）洽谈技巧

1）入座时，注意将客户安置在一个视野愉悦的空间范围内。

2）将笔、纸、计算器、销售图册等销售工具准备齐全，随时应对客户的需要。

3）通过询问和观察了解客户的真正需求和关键问题点，以便针对性地洽谈解决。

4）洽谈时间较长可穿插一些客户感兴趣的话题，如个人爱好、投资方式、国际形势、娱乐时尚等，加强与客户的情感沟通，提高相互认同感和信任度。

5）注意判断客户的诚意、购买能力和成交概率。

6）注意与现场同事的交流与配合，让现场经理知道客户在看哪一户型。

7）现场气氛营造应自然、亲切，掌握火候。

8）对产品的解释不应有夸大、虚构的成分。

9）不是职权范围内的承诺应呈报现场经理通过。

【语言技巧】

成功处理客户异议是每位销售人员日常工作的一部分。异议是客户因为顾虑、争论或疑问而对计划、意见或产品提出反对。购买规律表明：没有人会在作出决定前不对产品提出反对意见，通常客户提出最难以解决的异议，就是其准备购买的前奏。因此，异议不仅不会阻碍销售，却可以帮助销售人员从中找到成交的途径。

1. 处理异议的态度
(1) 轻松应对,不要把异议当成失败;
(2) 坚持不懈,相信自己的能力;
(3) 积极热忱,鞭策自己的意志力;
(4) 诚实对待,尊重自己的客户;
(5) 圆滑应付,为自己保留后路。

2. 处理异议的方法:
(1) 忽视法

客户:"没有钱!"

陈婷婷:"爱开玩笑……嘴说没有钱的人,才是有钱的。"

(2) 补偿法

客户:"才一间浴室吗?那不太好,有时会不够用的。"

陈婷婷:"是的,确实像您所说的那样。因为这是一套小三居,考虑到和谐美观的问题,如果再多一间浴室,客厅、卧室和厨房都会相应的缩小面积的,而且实际成本增加了,您要付的钱就不只是现在这些了。"

(3) 直接反驳法

客户:"这个房子的得房率太低了。"

陈婷婷:"您大概不了解,一般高层的得房率只有80%,为消费者着想,我们楼设计成两梯三户,得房率83%,比其他楼盘高出3%,大大增加了您的套内面积。"

(4) 间接否认法

客户:"这一栋紧靠马路,噪声太大。"

陈婷婷:"您有这样的想法,确实没有错,第一次听到的人,都是这样的想法,我当时也跟您一样,但如果您再作进一步了解的话,我想您就不会这样认为了。沿马路过来是市政绿化带,沿街还设有商铺,……"

(5) 询问法

客户:"让我再考虑一下吧!"

陈婷婷:"潘先生,不知道您还要再考虑些什么问题?如果有疑虑,可以说出来,我们共同讨论,共同解决它。"

客户:"也没有什么啦,我就是感觉价格还是太高。"

陈婷婷:"潘先生,我十分理解您的心情,毕竟每个人都希望买到物美价廉的产品……"

(6) 反问巧答法(启发客户自省)

客户:"这种户型不理想。"

陈婷婷:"户型不好吗?潘先生。"

客户:"我希望首付不要超出我的预算。"

陈婷婷:"这个首付款的数目是我们根据规定按总价的30%收取,也符合大多数消费者的要求，这样可以大大降低以后付款的负担。难道您想现在轻松一点，以后压力增大一点吗？"

客户："我希望价格上能再优惠一点。"

陈婷婷："潘先生，我相信您一定希望买到最好的房子，也希望我们为您提供上乘服务，难道您希望房子的质量也打折吗？"

(7) 太极法（借力使力）

客户："上次我来的时候，每平方米才3800元，怎么才一周就4000元，这也涨得太快，太吓人了！"

陈婷婷："就是因为涨得太快，您才需要赶快买啊！不然，您下次来的时候又是另一个更高的价格了。"

客户："这里是新开发区，不够繁华。"

陈婷婷："正因为这里是新区，才更有投资价值。要知道，投资就是买升值潜力的。"

【相关链接】

安 排 入 座 上 茶

1. 引导入座

引导客户入座时，要主动为客户拉开椅子，然后邀请客户："您好，请这边坐！"必须注意，移动椅子的时候动作要轻，尽量不要拖动以避免制造刺耳的声音，最好是把椅子稍微往上提一点再慢慢地放下。

安排客户入座时，应注意将客户安置在一个视野舒适的空间范围内，销售人员则坐在客户的左侧或右侧是最为合适的。这个位置既能拉近彼此的距离，也方便于销售人员利用楼书等资料进行讲解。作为主人，要先等客人入座后，自己再坐下。更为礼貌的做法是，先给客户上茶或等待其他人员帮忙给客户上茶以后才入座。

2. 上茶（水）

(1) 客户就座后应及时给客人上茶，注意不要使用有缺口或有裂缝的茶杯。
(2) 合适的茶水温度是70℃，浓淡适中。
(3) 茶水也不能倒太满，沏入茶杯应七分满。
(4) 案场的杯子一般是一次性的，所以最好要使用杯托。
(5) 上茶时要特别小心，不要将茶具放在文件等重要的物品之上。
(6) 端给客户时，手尽量远离杯口。
(7) 上茶时，应从身份或辈分高的开始上茶；在未给客户上茶之前，不能给同事或自己上茶。
(8) 谈话间，如果发现客户喝完杯中的水，要及时给客户加水。

3. 守价与议价

客户认同楼盘的产品，有了购买意向后，其焦点便集中于折扣和付款方式。

关于折扣，为便于价格管理、树立楼盘与公司的品牌形象，开发商普遍没有给售楼员与客户议价的权利，也就是说客户基本没有砍价的余地。作为售楼人员一定要坚定信心，用专业知识和技巧解释并说服客户，并促成交易。当然，在房产销售市场上，部分时期、少数楼盘也存在议价的环节，此时销售人员应把握议价时机，除非客户携款能够下定且有权决定购买，否则回避议价。议价时要求销售人员坚定态度，强调产品优点和价值，不轻易让价。切不可有底价的观念，更不可在客户出价基础上作调价处理，必须将定价权控制在企业手中，只能将折扣作为一种促销手法，以维护楼盘形象。议价的关键点是让客户清楚，销售人员已尽心努力，客户所得到的折扣已是最低的，从而打消继续议价念头，接受价格成交。

关于付款方式，一些客户会提出希望延迟交款，此时销售人员应酌情处理，处理前征求销售主管意见，或请求销售主管协助解决。

【语言技巧】

"价格太高"这是销售人员最常见的顾客异议，切忌回答"你不识货"，一般应对方法如下：

（1）比较法。

客户："每平方米 4200 元？太贵了吧。"

陈婷婷："那您看看 203 这一套吧，它只要 3900 元。"

客户："203？不要，楼层太低，而且还西晒。"

陈婷婷："潘先生，看得出，您还是更注重房子的品质。那么，多花点钱买个好生活，难道不值吗？"

（2）价值法。

"我相信价格是您购买的重要因素，但您以为价值是否也同样重要呢？让我给您讲讲我们的楼盘价值吧！"

"这个价格刚好是您为什么选购我们楼盘的理由。您对楼盘价值的赞赏和关切是完全合理的。"

"好货不廉，廉货不好。"

"您的投资额是每年 3 万元——也就是每月 2 千多元。您每月的租金 1800 元。经过计算，我估计您在 15 年内能挣回这笔投资。"

（3）询问法。

"您认为价格多少比较适合呢？"

（4）暗示法。

"上午有一对夫妇也看好了这套房子，回家和父母商量后作决定。如果您看好的话，我建议您尽早下决心，否则这套房子就有可能被别人买走了。"

"这是开盘价，过两天就要涨价了。"

"刚刚那个客户已经观望了一个多月，一心等待着我们能够降低价格，可是观望的结果就是每平方米多花了 50 元。"

"只优惠十套。"

4. 暂未成交

经过前期的推销洽谈，客户通常不能马上决定购买。这并不意味着销售人员工作的失败，购房客户通常需要一定的考虑周期。应该礼貌地送客户出门，并填写客户资料，为后续工作的顺利进行打下基础。

（1）基本动作

1）将销售资料备齐一份给客户，让其仔细考虑或代为传播。

2）与客户交换名片（将自己的名片钉在销售资料上，便于客户查找），无名片的客户则询问其电话号码，以及适合的通话时间，再次强调自己的姓名、联系电话，承诺为其作义务购房咨询。

3）对有意的客户再次约定看房时间。

4）无论是否有意向，都送客至大门外或电梯间，并对客户表示感谢。

5）销售人员返回清理洽谈桌，保持销售现场环境的整洁。

6）每接待一位客户后，立刻填写《来访客户登记表》，记录洽谈信息，并建档保存。

（2）操作技巧

1）无论是否成交，销售人员对待每位客户都应态度亲切，始终如一。

2）销售人员应认真填写《来访客户登记表》，越详尽越好，因为它是销楼员的聚宝盆，且须妥善保管。

3）资料填写重点为客户的联系方式、个人及家庭信息、产品的要求条件、成交或未成交的真正原因。

4）根据成交的可能性，将其分为很有希望、有希望、一般、希望渺茫四个等级并记录在案，以便日后有重点的追踪询访。客户等级应视具体情况，进行动态调整。

5）销售人员应及时将销售信息报告现场经理，共同分析成交或未成交原因，一方面获得同仁协助和指导，另一方面便于销售经理搜集信息、反馈给策划部门，及时调整营销策略，扬长避短，以提高销售业绩。

【婷婷文件夹】（表4-4）

来访客户登记表　　　　　　表4-4

填表人：陈婷婷　　　　　　　　　　2007年 10月 8日10时

客户姓名	潘健诚	性别	男	年龄	27
职业、职务	公司设计人员	出行工具		公共汽车	
联系方式	地址：常州市花园西村82-丙-502　　电话：12813556543				
现居住地	a. 天宁区　 b.钟楼区　 c. 新北区　 d. 武进区　 e. 戚墅堰区　 f. 其他				
家庭结构	a.单身　 b. 夫妇　 c. 三口之家　 d. 与老人一起住　 e. 有保姆　 f. 其他				

续表

认知途径	a. 报纸　b. 电视　c. 广播　d. 网络　e. 短信　f. 横幅　g. 户外广告　h. 房交会　i. 派单　j. 介绍　k. 路过　l. 其他
购买目的	a. 改善居住　b. 无住房　c. 给父母买　d. 给子女买　e. 公司购买　f. 投资　g. 其他
需求户型	a. 一室两厅一卫　b. 二室两厅一卫　c. 三室两厅一卫　d. 三室两厅二卫　e. 四室两厅二卫　f. 别墅　g. 商铺
需求面积	100～110m² ｜ 意向单元 ｜ 2号楼甲单元03室 ｜ 承受总价（万元） ｜ 40万元
单价分析	a. 比其他楼盘便宜　b. 正常　c. 偏高　d. 很贵　e. 离谱
询问重点	a. 区位　b. 交通　c. 景观　d. 配套　e. 会所　f. 学校　g. 户型　h. 风水　i. 车位　j. 价格　k. 贷款　l. 付款方式　m. 交付时间　n. 建筑材料　o. 物业管理　p. 品牌信誉　q. 投资回报
客户意见	喜欢公园环境，对房型较满意，总价略高，交付时间有点晚
成交（未成交）原因	初次来看房，需与其他楼盘比较，且需要带家人一起来看，再作决定
成交与否	否
客户意愿	a. 很有希望　b. 有希望　c. 希望一般　d. 希望渺茫　e. 市调

备注：潘先生是外地人，大学毕业后来常州市工作，未婚，想购婚房，现临时租房住，戴眼镜，身高约1.75m，体态匀称，皮肤微黑，目前收入还不错（记在自己的客户记录本上）。

【语言技巧】

陈婷婷："潘先生，谢谢您的光临。我给您准备了一份我们楼盘资料，您带回家给您女朋友看看吧。"

客户："我回去考虑一下，然后再带我女朋友一起过来看看。"

陈婷婷："好的，潘先生。买房是一件大事，您确实需要回家与家人再商量一下。希望很快就能听到您的好消息，您来看房时，可以先给我电话，我会专程等候您的。"

客户："谢谢！"

陈婷婷："张太太，也许这个楼盘不能满足您现在的要求，您能介绍一下您的亲戚或朋友中有谁需要我们的房子吗？如果有一天您要改变主意，希望您能与我们联络，我们会热情为您服务的。"

客户："好的。"

【相关链接】

销　售　控　制

销售控制即销控，在销售过程中由案场主管对不同种类房屋的销售速度或成交数量进行严格控制，使销售达到均衡状态，而避免出现人为滞销房源。在实际操作中，销控大致有这几种情形：

(1) 时间控制。不急于销售，先积聚客源，进行较长时间的内部登记，当登记累计一定量时，开始销售，通过媒体炒作，形成第一波销售高潮。

(2) 数量控制。房源初次入市不宜大批量面市，最好分三批进行销售，易于操作。

一批：占总房源的30%，优房：劣房＝6∶4，以求在市场中快速消化，形成市场炒作热点。

二批：占总房源的40%，优房：劣房＝3∶7。此时一批房源已消化得差不多，可适当提价，消费者均有买涨不买跌的心理倾向。

三批：占总房源的30%。此时二批房源已消化差不多，可再次提价。

(3) 现场控制。现场控制又叫柜台销控，将现场售楼处内的有利位置划分出销控区，在销控区内专案是销售总指挥，根据现场情况进行销售控制和业务安排。销售时，一方面售楼员经常询问柜台房源情况，了解房源是否售出，或封去某些房源，从而明确推销目标；另一方面，销控代表将根据总体房源售出情况来提示、指令售楼员推荐房源，从而实现销控。

它要求销售人员具备良好的记忆能力与团队合作能力。首先必须熟记所有销控房源；接着在充分了解客户需求后，有针对性选择少量房源进行推介，以免客户看花眼，此时应与销控配合，以确定可以推荐房源；最后当客户选中某一单元时，销售人员必须做二次确认，以防一房多卖，引起不必要的纠纷。柜台控制既可以避免销售出错，又可制造现场气氛，激励意向客户尽早下定（表4-5）。

公园壹号2号楼销售情况控制表　　　　　表4-5

房　号	甲单元			乙单元		
	01	02	03	01	02	03
建筑面积（m²）	138.5	88.3	105.6	110.7	86.2	125.3
楼层＼户型	三室两厅两卫	两室两厅一卫	三室两厅一卫	三室两厅一卫	两室两厅一卫	三室两厅两卫
…						
六层		●	★		★	
七层		★				
八层	●			△	★	△
九层	★	★	●	★	●	★
十层	△	●	★	★	△	
…						

注：★表示已售，●表示大定，△表示小定，空格表示可售。

【任务拓展】

(1) 前往样本楼盘售楼处参观，仔细观察销售人员接待客户的流程、客户特征、讨论内容、销售技巧,进行记录整理、分析,谈谈自己的收获感想,完成书面调查报告,并进行交流讨论。

(2) 以小组为单位,设计不同类型的客户,在房地产营销实训室进行销售洽谈模拟。

过程 4.3 客户追踪

潘先生上次看房后,答应回去考虑考虑,根据陈婷婷的判断推介的户型比较适合潘先生需要,潘先生对这里的环境也是比较满意的,应该是很有希望的客户,她要继续追踪,约请潘先生带着家人一起来看房。

【相关链接】

客 户 需 要 追 踪

美国专业营销人员协会和国家销售执行协会统计数据显示:2%的销售是在第一次接洽后完成,3%的销售是在第一次跟踪后完成,5%的销售是在第二次跟踪后完成,10%的销售是在第三次跟踪后完成,80%的销售是在第 4~第 11 次跟踪后完成。

房产是大宗商品,在楼盘销售的实际工作中,一位客户从初始接触到最后成交,平均历时达 1~2 个月,而客户的成交率却不到 10%。90%客户的流失,除楼盘本身无法满足其需求外,另一重要原因是营销人员未能适时跟踪,或在跟踪中未能充分展示楼盘特色,及时引导客户的心理动向,即未能有效跟踪。因此,客户看房结束,消费的初次冲动消失后,销售人员切不可守株待兔,应主动出击,及时跟踪其购买意向、通报楼盘的利好信息,这是项目成功销售至关重要的环节。

4.3.1 客户追踪的准备

毫无疑问,追踪目的是为了建立良好的客户关系,最终促成交易。而作为销售的重要一环,追踪有其阶段性目标,就是让客户记住售楼人员,让客户记住楼盘,激发其购买欲望,并把客户再次吸引到售楼处来进行更深入地洽谈。因此成功的追踪必须做好充分的准备。

1. 追踪的方式

(1) 电话追踪。在房地产销售中,电话追踪是最为常见也最为便捷的客户跟踪方式,谈话的针对性强,有利于个性化服务,追踪效果好。

(2) 登门拜访。作为房产销售的客户追踪方式之一,登门拜访主要是运用于拜访集团购买客户或者已经成交的个人客户,而拜访潜在客户并不是很多。因为对于售楼来说,客户追踪的最主要目的是把客户再次吸引到售楼处来面谈,而不是上门洽谈签约。拜访成交客户,一方面可以进行售后服务,帮客户解决遗留问题,提高客户的满意度,并建立有效的客户关系,为老客户再次购房或介绍新客户而铺路搭桥。另一方面,搜集消费者市场调研资料,为后期成功的开发和销售提供有价值的信息。

(3) 手机短信息联系。这是一种最为方便快捷的联系方式,能迅速大批量告知客户促销信息、楼市资信,以达到宣传推广的目的,但缺乏针对性和个性化。

(4) 明信片或贺卡联系。一封关爱的信、一段感谢的话语,能给客户送去温暖,明信片或贺卡是与客户保持联系、增进感情的好方法,它同时还可以传递楼盘或开发商的信息,进行广告宣传,有助于建立有效的客户关系、树立企业良好社会形象。

2. 追踪的准备

(1) 选择要追踪的客户

打开客户登记资料,选择要追踪的客户。首先剔除不需要、无法追踪的客户。比如客户对楼盘没有任何兴趣,则不需要追踪;未能取得客户的联系方式,或者客户十分明确地说,不要给他打电话,则无法追踪。其次,将需要追踪的客户名单,按客户成交的意愿等级进行排序。对于成交概率较大的客户,或者对产品有浓厚兴趣的客户,或者是留有异议的客户,则将其列为优先追踪的对象。

(2) 查看客户档案

追踪客户可以说是上次销售洽谈的继续,因此在确定了所要追踪的客户后,就必须查看客户档案及历次谈话记录,了解客户的职业、喜好、家庭、购买动机、意向单元、未成交的原因及异议,对客户进行了深入的分析,以便提高追踪的针对性、目的性和有效性。

(3) 选择追踪方式

根据客户不同的购买性质、购买意向,选择不同的追踪方式。对有购买意向的个人客户可采用电话追踪;对集团购买客户宜采用登门拜访追踪;对于近期内没有购买意愿的客户,则可以通过短信、邮寄信件等形式与客户保持联系。

(4) 确定追踪时间

原则上在客户上门后 2~3 天内进行第一次追踪。时间最好选择在周五、六、日,因为这个时段比较容易邀请到客户再来洽谈,最不宜安排在周一,以免在一周工作的开始打扰客户。同时要根据客户的职业、作息时间,挑选客户较为空闲的时段进行追踪,效果较为理想。此后每周要跟踪一次,也不应过于频繁,多种联系方式交错进行,以便动态把握客户的购买意向,调整销售策略。

(5) 寻找追踪的切入点

追踪的目的是促成交易,但绝不是催逼客户交易,如:"您考虑得怎么样?"这样会让客户产生反感,认为销售人员对成交过于追切,而拒绝追踪。因此在追踪客户的开头,一定要找出一些让客户容易接受的切入点,最好是关心客户需要、解决客户问题,相信只要是向客户提供有价值的信息,这样的追踪都是会受客户欢迎的。愉快、轻松的开场,可以赢得客户的信任,也是成功追踪洽谈的前提条件。

(6) 准备追踪洽谈重点

每位需追踪客户的购买需求、购买意愿不同，因而追踪洽谈重点也就各异。而追踪洽谈时间又极为有限，如何利用有限的时间激发客户的购买热情，把顾客再次约到售楼处来继续展开深入洽谈，有的放矢是关键。因此应在分析客户的基础上，抓住客户最感兴趣的要素，或者客户留下的异议，作为追踪洽谈的重点。如能确定客户此前未能成交的原因，那跟踪洽谈重点就是针对这个成交障碍进行说服。

【相关链接】

客户追踪要给其理由

在与客户保持频繁、持续的联系过程中，如果你一拿起电话就说"××先生，您好，请问您现在是否已经决定购买我公司推荐的房子呢？"用不了几次，客户就会感到反感。这样的通话，空洞而乏味，难免让人厌烦。因此，不时的变换联系理由是一个很有效的办法。真正的客户总是希望能得到更多地产资信。

(1) 对答应与家人商量的客户，询问回家商量的结果。
(2) 对刚看房的客户，询问其他房子看得怎么样。
(3) 对留有异议的客户，解答客户的疑问。
(4) 对熟悉的客户，关心客户近况及最新购买需求。
(5) 告知客户楼盘最新信息、公司的最新决策与举措。
(6) 告知并邀请客户参加公司举办的各种促销活动。
(7) 提供与房产买卖相关的信息，如税费的调整、贷款优惠等。
(8) 通报楼盘的建筑或销售进度，欢迎客户前来参观。
(9) 提供楼盘附近项目对本案销售有利的信息，以供客户参考比较。

4.3.2 电话追踪

售楼人员追踪客户首要便捷的方式就是打电话，通过电话询问了解客户情况、告知促销信息、约定会面的时间地点等。因此售楼人员要掌握打追踪电话的技能，尝试建立亲密的个人关系，实施关系营销。

1. 基本动作

(1) 做好电话追踪的准备，包括客户信息、追踪时间、目的、重点等。
(2) 拨通客户电话，问候并自我介绍。
(3) 转入正题，为客户提供有价值的信息，或询问其购买意向。
(4) 注意观察对方的反应，展开攻势。如果客户在犹豫，要按照事先设定的目标展开攻势，说服客户。如果客户真的没有意向，决定放弃，则询问客户放弃的理由。
(5) 邀请有意向的客户再次光临现场，继续加深其对楼盘的认识和印象。没有意向的客户则婉转地请求其帮忙介绍客户。

（6）约定客户光临现场的时间，告知到时将专门等候，并对客户表示感谢。

（7）详细记录追踪谈话过程、内容及结果，准确把握客户购房动态，制定后期营销策略。

2. 追踪技巧

（1）尽可能准备充分，事先设想客户可能会提到的问题，并找到最佳回答方式，以免措手不及。

（2）打追踪电话，售楼员要做好心理准备，做到真心、信心、耐心、平常心，保持积极的态度，凡事都要往好的方面想，不害怕被拒绝。在提出五次请求之前千万不要轻易放弃。

（3）凡是开发商举办活动，每次都不要忘了邀请客户参加，当有优惠时，要第一时间告诉客户，以吸引客户赶快落定，并经常向客户通报市场信息。

（4）开场白灵活处理，如表达对客户的印象和上次谈话的投缘，可拉近与客户的距离。

（5）追踪客户要注意切入话题的选择，勿给客户造成销售不畅、死硬推销的印象。

（6）洽谈要围绕重点，具有说服力，适时鼓励客户说出他们的疑虑，但不要轻易许诺。

（7）语言要简洁，表达要精炼，语速和节奏要恰当，语气应亲切、干脆，并始终保持微笑。

（8）控制通话时间，一般不超过5分钟，最好控制在3分钟左右。

【语言技巧】

"宋经理，早上好！我是公园壹号售楼处的小陈，陈婷婷。"（直接称呼职称，会感觉亲近、受重视）

"您上次来过我们的售楼处，我们见过一面，不知您是否还记得？"（以免客户不明白）

"老马，您好！周末过得愉快吗？"（亲切友好的开头，对熟悉的客户效果更佳）

"您好，张先生，我是公园壹号项目的陈婷婷，这个时间打电话给您，没有打搅您吧？"（确认时间上的可行性）

"哦，十分抱歉，打扰您了，请问您什么时间方便，我公司最近有些新举措，想和您聊聊，那我们晚上再联系。"（客户现在忙，另约时间）

"您上次看的房子，是否满意呢？今天又有客户来参观那套房子，他们一家人都很满意。但您是先看的，我又怕您想要，所以打电话跟您确认一下。"（逼定）

"上次您来的时候，我发现您好像对投资小户型很感兴趣。现在我们正推出经典小户型，极具投资潜力，不知道您是否有兴趣？"

"请问您能否告诉我您放弃的理由？方便我们作进一步的改进。买不买楼没有关系，能够认识您，我很高兴，希望我们能成为朋友。"（询问放弃的理由）

【任务拓展】
设计人物、场景，两人一组模拟电话追踪客户。

过程 4.4　成交签约

在陈婷婷的友好追踪下，潘先生带着女朋友来现场看房，看得出这是共同决定型的家庭，陈婷婷热情接待，从沙盘到模型再到样板房逐一介绍，尤其突出了双公园的环境，备受女主人喜爱。经过不懈努力，双方深入洽谈进展顺利，潘先生已选中 2 号楼甲单元 803 室，陈婷婷下一步目标就是尽快促使这单生意的成交。

4.4.1　解释房价计算并制定客户置业计划

1. 房价计算

购房价格是客户最为关心、最敏感的要素，也是房地产项目重要的营销策略，因此销售过程中对价格的制定和调整是谨慎、严肃、科学、规范的。通常由营销策划人员和案场销售经理等高层管理人员对大量的成本及市场信息进行细致分析和测算后，共同研讨制定。目前，兼顾供求关系和开发商的利益最大化，房产销售普遍实行一房一价策略，在制定了楼盘均价的基础上，考虑位置系数制定出每栋楼的均价，再综合考虑建筑面积、楼层、区位、户型、朝向、景观等因素，测算出每单元房屋总价，编制成《价目表》（表 4-6），供销售人员和客户的查询使用。

某栋楼均价＝小区楼盘均价×位置系数
单元房总价＝某栋楼均价×单元综合系数×单元建筑面积
单元综合系数＝楼层系数×区位系数×户型系数×朝向系数×景观系数
单元房单价＝单元房总价/建筑面积＝某栋楼均价×单元综合系数

公园壹号 2 号楼价目表

（执行日期 2007 年 10 月 12 日）　　　　　　　　　　　　　　表 4-6

楼层	甲单元 01 室			甲单元 02 室			甲单元 03 室		
	面积（m²）	单价（元）	总价（元）	面积（m²）	单价（元）	总价（元）	面积（m²）	单价（元）	总价（元）
…									
六层	138.5	4229	585717	88.3	4028	355672	105.6	4151	438346
七层	138.5	4274	591949	88.3	4070	359381	105.6	4195	442992
八层	138.5	4318	589043	88.3	4112	363090	105.6	4238	447533
九层	138.5	4341	601229	88.3	4133	364943	105.6	4260	449856
十层	138.5	4363	604276	88.3	4156	366975	105.6	4282	452179
…									

【婷婷文件夹】

潘先生选择了公园壹号2号楼甲单元803室，2号楼目前均价为4200元/平方米，本幢楼共26层，单元建筑面积为105.6平方米，户型系数为1.02，景观系数为1.02，楼层系数为0.97。

单元综合系数 = $0.97 \times 1.02 \times 1.02 = 1.009$

单元房单价 = $4200 \times 1.009 = 4238$ 元/m²

单元房总价 = $4238 \times 105.6 = 447533$（元）

【相关链接】

房产的价格调整系数

项目位置价格调整系数是指在一个小区中，根据各栋楼宇的位置、坐向、临街状况、楼间距、与小区花园、公共配套服务设施的距离等来综合调整价格的系数。

项目楼层价格调整系数是指根据居民的生活习惯、楼层高低所体现的通风采光、视野等差异来调整楼宇价格的系数。在我国，如果是六层多层住宅，一般是一、六层较便宜，二、五楼层居中，三、四层最贵；而对高层住宅，一般是越高越贵。

区位价格调整系数指的是那种靠近电梯、过道的单元由于易受噪声干扰不如远离电梯、过道的单元，所形成的价格调整系数，一般此价格调整系数不要超过1%。

户型价格调整系数是指从它的功能分区是否合理、采光通风如何、是否有暗房、是否有恰当的面积配比等方面来进行价格调整的系数，其价格调整系数一般不要超过3%。

单元朝向价格调整系数是根据单元的朝向、采光、平面布局、消费习惯等形成的价格调整系数。

景观对于住宅购买者而言，常具有决定性的影响力，那种能够临望公园、水景、山景、自然或人造景观的单元，通常相对没有景观的单元而言，价格要高出许多。故景观价格调整系数就是指由于不同单元的景观差异所造成的价格调整系数。其价格调整系数一般不要超过15%，对多面景观也最多不要超过20%。

2. 制订客户置业计划

普通客户基本上是第一次或第二次购房，没有太多经验，而且缺乏房产和房贷等相关专业知识，通常需要销售人员给予指导，并帮助制定置业计划，一份符合客户经济承受的置业计划，对成功签约起着举足轻重的作用。

（1）基本动作

1）在总价基础上，根据楼盘的促销优惠给予客户的折扣，计算房产优惠总价。

2）按当前政策规定的首付款比率计算出首期付款和需贷款数额，或根据客户的实际支付能力，选择付款方式，确定贷款数额。

3) 按公积金或银行贷款利率、客户规划的贷款年限，计算月还款额。
4) 通常设计几种还款方案，供客户根据自身经济能力进行选择，确定客户置业方案。

（2）操作技巧

1) 精通当前房产及房贷相关政策法规，为客户提供专业服务。
2) 站在客户的立场，真诚地为客户着想。

【婷婷文件夹】

潘先生根据自己的经济实力准备首付 30%，其余银行按揭，陈婷婷对照公园壹号项目的付款方式，如表 4-7 所示，给予 98% 的价格优惠，并为潘先生制订了详细的置业计划，详见表 4-8。

公园壹号项目付款方式　　　　　　　　　　　表 4-7

付款方式	优惠折扣	备　注
一次性付款	96%	定金 2 万元，签订合同之日付 30%，20 日内付清
银行按揭	98%	定金 2 万元，签订合同之日付 30%，其余 70% 贷款 30 日内到账

潘先生置业计划表　　　　　　　　　　　表 4-8

楼栋/房号	2 幢甲单元 803 室		面积		105.6 平方米	
单价	4238 元/平方米		总价		447533 元	
优惠折扣	98%		优惠价	438582 元	定金	2 万元
付款方式	首期	31.6%（含定金）		即	138582 元	
	银行按揭	68.4%		即	30 万元	
	月供	10 年	15 年	20 年	30 年	
	（等额本息）	3059.94	2242.89	1843.02	1459.71	
置业顾问	陈婷婷	电话	1286234866	时间	2007.10.21	

最后，潘先生根据置业计划选择了银行按揭 30 万元，贷款年限 20 年购房方案。

【相关链接】

还 贷 方 式 选 择

银行贷款有两种还贷方式可供选择，即等额本金法和等额本息法。

等额本息法又叫等额法，贷款人每月以相等的金额来偿还贷款的本金和利息，每期还款额固定，直到还贷结束。等额本金法又叫递减法，贷款人每月偿还相等的本金和不等的利息，利息随着本金（贷款余额）的减少而降低，因而每月还款额是递减的。

两种还贷方式各有利弊。在贷款额度和年限均相同的情况下，两种还款方式相比较，等额本息法产生的利息比等额本金法产生的利息要多，也就是说等额本息法总还款额多，而等额本金法总还款额少。但同时需要注意，等额本息法每月还款固定，一般家庭容易承受，而等额本金法则先多还而后少还款，前期还款的压力相对较大。因此在贷款条件相同的情况下，等额本金比较适合有一定经济基础、能承受前期较大压力的家庭，也适合准备提前还贷的客户。

4.4.2 促使成交

成交是销售工作的最终目的，售楼人员在进行楼盘推介洽谈的过程中，就应该注意观察，留意客户的购买信号，一经发现立即抓住机会，主动建议购买，促使成交下定。如果一味专注于介绍楼盘、解答异议，苦苦等待客户主动要求购买，则很可能错失良机。因此促使成交是从产品介绍转化为实际买卖的关键步骤，也是衡量销售人员业务水平的重要标志。

1. 促成成交的时机

客户具备了成交的三大要素，即购买意向、购买能力和决策权，就到了成交的时机。

（1）从客户语言表现中捕捉成交时机

1）当客户的问题转向有关房子的细节时，如对费用、价格、付款方式、购买手续、交楼时间、售后服务等问题表现出强烈的兴趣，反复询问。

2）当价格成为客户最关心的问题时，讨价还价，一再要求打折。

3）对商品提出某些异议，并再三关心楼盘的某一优点和缺点。

4）当客户最大的疑虑得到彻底解决时。

5）当客户把话题集中在某单元时。

6）当客户开口询问同伴对产品意见时。

（2）从客户行为表现中捕捉成交时机

1）当客户从最初的对楼盘不断挑剔转变为沉默不语、进行思考时。

2）当客户表现出神经质的举止，如用手抓头发、舔嘴唇、面色微红、坐立不安时，一般说明客户内心在进行激烈的斗争。

3）客户突然用手轻声敲桌子或身体某部分，以帮助自己集中思路，最后定夺。

4）当客户靠在椅子上，左右相顾突然双眼直视销售人员，那表明一直犹豫不决的人下定决心了。

5）眼睛转动由慢变快、眼神发亮而有神采，从若有所思转向明朗轻松。

6）客户坐姿由前倾转为后仰，身体和语言都显得轻松。

7）客户不断点头对销售人员的话表示同意。

2. 促使成交技巧

促使成交其实是一种心理和实力的较量，有很多技巧。最主要的是销售人员应该以一种积极的、成熟的心态应对它，做到心急而口不急，镇定从容。

（1）售楼员应从客户角度去理解分析，把握时机，使客户了解产品，喜欢产品，切勿操之过急。更不能表现出不耐烦："你到底买不买？"

（2）不要再介绍其他单元，让客户的注意力集中在目标单元上。

（3）必须大胆提出成交要求，但不要表现得过于急切，切忌强迫客户购买。

（4）售楼员应该以真诚的态度帮助客户作购买决定，而不是以欺骗、逼迫的手段来促使成交。

（5）在谈判进行到一定程度时，取一份订单放在谈判桌上，用于心理暗示。

（6）告诉客户下定、签合同、交房等具体事宜，让客户充分体味解决问题后的美好情景促使其下定。

（7）讲别的客户是怎样买房的，并提供一些必要的证明信息，以示情况属实。

【语言技巧】

（1）直接请求法

直接请求法是销售中经常采用、最简单的成交方法，即请求成交法。其前提是客户对楼盘已经满意，或者已经产生购买兴趣。

陈婷婷："那么，您还有其他不明白的地方吗？"

客户："嗯，应该没有了。"

陈婷婷："那我们现在去交定金，好吗？"

（2）选择成交法

陈婷婷："吴小姐，刚才我们看了302单元和304单元，您是想要302还是304呢？"

客户："除了朝向不一样以外，其他的好像都差不多。"

陈婷婷："是的，我想大家都喜欢阳光充足一点的房子。302单元阳光相对更充足一点。"

客户："那就302单元吧。"

陈婷婷："请问您是选择一次性付款还是按揭式付款呢？"

客户："按揭付款。"

（3）列举事实成交法

"黄先生，您现在听我分析一下，然后您再来衡量您购买这套房子是不是值得。第一，您不是准备好11月份结婚的吗？这个楼盘7月份完工，您就有足够的时间按您喜欢的样式装修，想想有新人、新房子、新气象，这是最好不过了。第二，这里离您工作的地方也很近，您就不用每天起早贪黑地工作、回家，省下了您不少宝贵的时间。第三，现在的房价涨得多快，要不您也不用急着找房子了。就从这些情况看，我觉得您现在买这套房子是最明智的选择了。"

"楼盘虽多，合适自己的楼盘其实并不多，比较下去，累，算了吧！定下来，了却一件心事。"

（4）压力成交法（告诉客户不下定而可能发生的损失）

"现在定购的客户很多，而房子是一种特殊商品，每一户都是惟一的。"

"每一个客户都是很有眼光的，你看中的很可能是其他客户也看中的。"

"下周我们的楼盘就要涨价了，你这样喜欢我们的房子，若再犹豫可能就会丧失一个很好的机会。"

"世上总没有十全十美的房子,其实你的投资马上就会收到回报的。"

（5）项目比较法

陈婷婷："这个项目的价格高一点,但如果您比较一下对面江南家园小区的话,您就会发现我们这个价格是很合理的。虽然那个小区的环境已经很不错,但我们这个小区的环境比那里还要好。另外,这里多了一个游泳池,您在休闲的时候,就多了一个好去处。"

客户："是的,这里是比那边的要好一点。"

陈婷婷："那您还有其他的疑问吗？"

客户："没有了。"

4.4.3　成交收定

经双方洽谈努力客户已决定购买,但商品房价格高昂,消费者不可能立刻付清房款,通常需要一定的时间进行资金筹集,因此在成交时往往先交定金并签订《认购协议书》,回去再筹款补足。有时为了促成交易,先让客户交小额定金,签订小订单,保留房源3天左右,待补足定金之日再签订大订单。

1. 基本动作

（1）客户选定房源并下定购买时,销售人员利用销控对答来告诉现场经理,以确定该单元可以销售。

（2）恭喜客户。

（3）视具体情况,双方商议收取客户的大定金（全定）或小定金（临时定金、部分定金）,并告诉客户收定对买卖双方的行为约束。

（4）客户预先阅读买卖合同样本,销售人员解释条款。

（5）客户出示身份证及其他相关资料,销售人员填写认购书或订单的各项条款和内容。

（6）认购书或订单填完后请客户签字确认,销售代表签字,交案场经理审核其完整性及合理性。

（7）销售人员引导客户去财务交定金,财务开具收据交客户,并在认购书或订单上盖章。

（8）将认购书或订单的定户联交客户收执,并告诉客户于签约或补足时带来。

（9）确定签约日或定金补足日,详细告诉客户签约和办理按揭的有关注意事项、首付款、所需带齐的各类证件,并将空白收入证明交需办理按揭的业主。

（10）再次恭喜客户,送客至大门外或电梯间。

（11）整理归档相关资料,做好客户信息记录。

2. 成交收定技巧

（1）与现场经理和其他售楼员密切配合,制造并维持现场气氛。

（2）当客户对某套住房有兴趣或决定购买但未能带足款项时,鼓励客户支付小定金是一行之有效的办法。小定金金额不在于多,其目的是使客户牵挂楼盘,最终签约成交。

（3）客户下定前先通知销控，确认房源无误；下定后通知销控，在销控表上作下定标志。

（4）客户交定金时确保财务在岗。

（5）下定与签约之间的时间间隔应尽量地短，以防各种节外生枝的情况发生。大定金所保留日期一般以7天为限，小定金保留日期一般以3天为限（具体情况可自行掌握），超过时限，定金没收，所保留单元将自由推荐给其他客户。

（6）《认购协议书》或订单填写应做到真实、不遗漏、不缺项，严禁擅自增加条款或承诺。填写完毕后，应对照价目表审核房号、面积、单价、总价等数据，要求所填相关数据、信息准确无误。严禁无下定客户联系方式的现象出现，且所提供的联系方式必须是可随时联系到客户本人的。

（7）请客户收存好定金收据、认购书、签约须知、按揭须知等，送客时再次强调正式签约的时限、违约后果。

【婷婷文件夹】

在陈婷婷的努力下，潘先生终于愉快下定了，现来到签约处，双方签订《认购协议书》。接着到财务处交了两万元的定金，协议书盖章即生效了。

公园壹号商品房认购协议书
第（186）号

甲方（出卖人）：　常州××房地产开发有限公司

注册地址：　常州市新北区通江大道395号

营业执照注册号：320400532××××　　资质证书号：常KF296

法定代表人：张强　　联系电话：0519-5666××××

乙方（买受人）：潘健诚

【身份证件号】【营业执照注册号】32010019800100××××

通信地址：常州市花园西村82－丙－502　联系电话：1281355××××

丙方（委托代理机构）：　　××

注册地址：　　××

营业执照注册号：　　××　　资质证书号：　　××

法定代表人：　　××　　联系电话：　　××

根据市现行房地产政策法规，甲、乙双方就乙方定购甲方开发的公园壹号小区商品房事宜，经过平等协商，签订本协议书。

一、甲方开发的公园壹号小区预售许可证号为常新〔2007〕房预售证第（103）号。

二、乙方自愿购买甲方开发建设的公园壹号施工编号为2【幢】【座】甲　单元　8　层　03　号房（下称该商品房），商品房建筑面积共105.6平方米，其中，套内建筑面积87.4平方米，公共部位与共用房屋公摊建筑面积18.2平方米（准确面积以政府有关部门最终测量核实的数据为准）。认购价按建筑面积每平方米 4153.24 元人民币，总金额为 438582.00 元人民币（大写：<u>肆拾叁万捌仟伍佰捌拾贰圆整</u>　人民币）。

　　三、乙方愿意在签订本协议书时支付 20000 元人民币（大写：<u>　贰万元人民币</u>）给甲方作为认购商品房的定金。

　　四、双方约定，乙方在签订本协议并交付定金后，须于 2007 年 10 月 29 日之前带此协议书、定金收据、身份证明原件到<u>公园壹号售楼处</u>与甲方签订《商品房买卖合同》（以下简称合同）。至此，乙方所付定金自动转换为房屋房款。

　　五、付款方式约定

　　1. 一次性付款：乙方于合同签订之日支付房价款×元人民币（大写：<u>　×元人民币</u>）；合同签订后×日内付清房价款×元人民币（大写：×元人民币）。

　　2. 银行按揭：乙方在支付认购定金并签订协议书后 7 天内（即 2007 年 10 月 29 日前）向甲方支付首期款即总房款的 31.6%，计 138582.00 元人民币（大写：<u>壹拾叁万捌仟伍佰捌拾贰圆整</u>人民币），剩余款项 68.4% 银行按揭，计 300000 元人民币（大写：<u>叁拾万元整</u>人民币），（首期付款包含按揭万位数以下余款，按揭年限以银行最后批复为准），首期款手续办理完毕后签署《商品房买卖合同》，并于当日带齐资料办理银行按揭手续。

　　六、责任约定：

　　1. 甲方已向乙方出示即将签署的正式《商品房买卖合同》文本及购房须知和补充协议，认购方已详阅并理解上述文本条款和协议，且无异议。

　　2. 甲方在本协议第四条规定期限内不得将乙方定购之房屋再另行出售他人，如果甲方违约，甲方须双倍返还乙方定金，本协议自行解除。

　　3. 乙方必须在协议规定之日内与甲方签订购房合同。若乙方未能如期签订合同，则视乙方违约，即乙方自动放弃对该户房屋的定购权，甲方无需通知乙方，有权单方面解除本协议，并将乙方定购之房屋另行处理，乙方所付定金不予退还。

　　4. 甲乙双方如需变更本协议内容，应协商一致，并签署补充协议。

　　七、本认购书如发生争议，甲乙双方应协商解决，协商不成时，按下列第<u>　1　</u>种方式解决：

　　1. 提交<u>常州市</u>仲裁委员会仲裁；

　　2. 依法向人民法院起诉。

　　八、本认购书一式<u>三</u>份，具有同等法律效力。其中甲方持<u>贰</u>份，乙方持<u>壹</u>份，丙方持×份。

　　甲方（签章）：常州××房地产开发有限公司　　　乙方（签章）：潘健诚
　　丙方（签章）：
　　销售代表（签名）：陈婷婷
　　审核人（签名）：王萍

2007 年 10 月 22 日签于公园壹号售楼处

4.4.4 签订合同

许多售楼人员认为客户付了定金,签订了认购书,销售便获得成功。诚然,此时客户的购买意向相当明确,该单生意成交几率已经很大。但事实上,商品房尤其是期房交易过程较为复杂,只要双方没有签订购买合同,客户仍然可能改变决定,因此双方签订购买合同才是交易成功的真正标志。

1. 基本动作

(1) 销售人员在签约前两天电话友情提示客户签约的时间及签约应携带的款项、认购书、定金收据等,并及时填写客户跟踪记录。

(2) 恭迎客户。

(3) 验对买受人身份证原件、认购书、定金收据等,审核其购房资格。

(4) 出示商品房预售示范合同文本,逐条解释合同的主要条款。

(5) 销售人员引导客户至财务交首付款,开具收据。同时相应抵扣已付定金。

(6) 销售人员将客户、房源、付款明细等资料填写于《网上备案资料表》,请客户签字确认,并请相关人员审核。

(7) 进入商品房网上预(销)售管理系统,填写合同条款,并请销售主管进行审核。

(8) 预售合同网上登记备案并打印,请客户签章,开发商审核签章。

(9) 收回认购书,交案场助理备案。

(10) 提供合同,协助客户办理银行贷款事宜。

(11) 办好银行贷款后,分发合同,一份交客户留存,两份案场助理存档,用于办理产权证。并提醒客户按指定日期向银行还款。

(12) 恭喜客户,送客至大门外。

(13) 整理归档相关资料,做好客户信息记录。

2. 签约技巧

(1) 示范合同文本应事先准备好。

(2) 事先分析签约时可能发生的问题,向案场经理报告研究解决办法。

(3) 解释合同条款时,在感情上应侧重于客户的立场,让其有认同感。

(4) 签约时,如客户有问题无法说服,汇报案场经理或更高一级主管,设法解决;若问题无法解决而不能完成签约时,请客户先回,另约请时间,以时间换取双方的折让。

(5) 合同一经签订即具有法律效应,因此填写需认真仔细,确认相关信息准确无误。

(6) 由他人代理签约的,户主与代理人应办理好委托手续并已公证。

(7) 签约同时请客户签订《前期物业管理服务协议》和《业主管理规约》。

(8) 签约后,应始终与客户保持联系,帮助解决各种问题并请其介绍其他客户。

【婷婷文件夹】

28日上午，潘先生及家人来到公园壹号售楼处签约，陈婷婷首先查看了潘先生的身份证、协议书、定金收据等资料，一切齐全。接着领潘先生来财务处交首付款，再来到签约处签订合同，最后找来银行工作人员帮助潘先生办理银行按揭。整整一上午很快过去，潘先生买到了称心的新居，忙了几个月的大事终于顺利完成，倍感轻松，陈婷婷做成一单生意，心理也有说不出的高兴，真可谓累并快乐着。

<h3 style="text-align:center">常州市商品房买卖合同</h3>

（合同编号：<u>GYYH－178</u>）

合同双方当事人：

出卖人：<u>常州××房地产开发有限公司</u>

注册地址：<u>常州市新北区通江大道395号</u>

营业执照注册号：<u>320400532××××</u>

企业资质证书号：<u>常KF296</u>

法定代表人：<u>张强</u> 联系电话：<u>0519-5666××××</u> 邮政编码：<u>2130000</u>

委托代理人：<u>××</u> 地址：<u>××</u>

邮政编码：<u>××</u> 联系电话：<u>××</u>

委托代理机构：<u>××</u>

注册地址：<u>××</u>

营业执照注册号：<u>××</u>

法定代表人：<u>××</u> 联系电话：<u>××</u> 邮政编码：<u>××</u>

买受人：<u>潘健诚</u>

【本人】【法定代表人】姓名：<u>潘健诚</u> 国籍 <u>中国</u>

【身份证】【护照】【营业执照注册号】【×】<u>32010019800100××××</u>

地址：<u>常州市花园西村82-丙-502</u>

邮政编码：<u>213000</u> 联系电话：<u>1281355××××</u>

【委托代理人】姓名：<u>××</u> 国籍：<u>××</u>

地址：<u>××</u>

邮政编码：<u>××</u> 电话：<u>××</u>

出卖人及其委托代理人不得擅自披露因本合同而知悉的买受人的信息。

根据《中华人民共和国合同法》、《中华人民共和国城市房地产管理法》及其他有关法律、法规之规定，买受人和出卖人在平等、自愿、协商一致的基础上就买卖商品房达成如下协议：

第一条 项目建设依据

出卖人以<u>出让</u>方式取得位于<u>星湖公园西侧</u>、编号为<u>0608</u>的地块的土地使用权。【土地使用权出让合同号】【土地使用权划拨批准文件号】【划拨土地使用权转让批准文件号】为<u>2006出188号</u>。

该地块土地面积为<u>101100</u>平方米，规划用途为<u>商业、住宅</u>，土地使用年限自<u>2006</u>年<u>10</u>月<u>10</u>日至<u>2076</u>年<u>10</u>月<u>9</u>日。

出卖人经批准，在上述地块上建设商品房，【现定名】【暂定名】<u>公园壹号</u>。建设工程规划许可证号为<u>建字第 320400200700012 号</u>，施工许可证号为<u>320400200703040101</u>。

第二条 商品房销售依据

买受人购买的商品房为【现房】【预售商品房】。预售商品房批准机关为<u>常州市房产管理局</u>，商品房预售许可证号为<u>常新［2007］房预售证第（103）号</u>。

第三条 买受人所购商品房的基本情况

买受人购买的商品房（以下简称该商品房，其房屋平面图见本合同附件一，房号以附件一上表示为准）为本合同第一条规定的项目中的：

施工编号<u>2</u> 【幢】【座】 <u>甲</u> 【单元】【层】 <u>803</u> 号房。

公安编号<u>××</u> 【幢】【座】 <u>××</u> 【单元】【层】 <u>××</u> 号房。

该商品房的用途为<u>住宅</u>，属<u>框剪</u>或框架结构，该商品房所在建筑层数地上<u>26</u>层，地下<u>1</u>层。

该商品房阳台是<u>不封闭</u>。

该商品房【合同约定】【产权登记】建筑面积共<u>105.6</u>平方米，其中，套内建筑面积<u>87.4</u>平方米，共用部位分摊建筑面积<u>18.2</u>平方米（有关共用部位分摊建筑面积构成说明见附件二）。

第四条 抵押情况

与该商品房有关的抵押情况为：<u>1</u>

1. 该商品房所分摊的土地使用权及在建工程均未设定抵押；

2. 该商品房所分摊的土地使用权已经设定抵押，抵押权人为：<u>××</u>，抵押登记部门为：<u>××</u>，抵押登记日期为：<u>××</u>。

3. 该商品房在建工程已经设定抵押，抵押权人为：<u>××</u>，抵押登记部门为：<u>××</u>，抵押登记日期为：<u>××</u>。

（抵押权人同意该商品房销售的证明见附件五）

第五条 计价方式与价款

出卖人与买受人约定按下述第<u>1</u>种方式计算该商品房价款：

1. 按建筑面积计算，该商品房单价为（<u>人民币</u>）每平方米<u>4153.24</u>元，总金额（小写<u>438582.00</u>元）大写<u>肆拾叁万捌仟伍佰捌拾贰圆整</u>。

2. 按套内建筑面积计算，该商品房单价为（<u>××</u>币）每平方米<u>××</u>元，总金额（小写<u>××</u>元）大写<u>××</u>。

3. 按套（单元）计算，该商品房总价款为（<u>××</u>币）（小写<u>××</u>元）大写<u>××</u>。

4. <u>××</u>。

第六条 房屋层高误差约定

实际层高低于设计层高 1.5 厘米的，由出卖人向买受人支付该房屋价款总金额1%的违约金。

第七条 面积确认及面积差异处理

在该房屋交付时，房屋建筑面积、共用部位分摊建筑面积、套内建筑面积均以产权登记面积为准。

面积误差按下列约定处理：

（一）根据当事人选择的计价方式，本条规定以【建筑面积】【套内建筑面积】（本条款中均简称面积）为依据进行面积确认及面积差异处理。

当事人选择按套计价的，不适用本项约定。

合同约定面积与产权登记面积有差异的，以产权登记面积为准。

商品房交付后，产权登记面积与合同约定面积发生差异，双方同意按第 2 种方式进行处理：

1. 双方自行约定：

   ××；

2. 双方同意按以下原则处理：

（1）面积误差比绝对值在3%以内（含3%）的，据实结算房价款；

（2）面积误差比绝对值超出3%时，买受人有权退房。

买受人退房的，出卖人在买受人提出退房之日起30天内将买受人已付款退还给买受人，并按 银行当期活期存款 利率付给利息。

买受人不退房的，产权登记面积大于合同约定面积时，面积误差比在3%以内（含3%）部分的房价款由买受人补足；超出3%部分的房价款由出卖人承担，产权归买受人。产权登记面积小于合同登记面积时，面积误差比绝对值在3%以内（含3%）部分的房价款由出卖人返还买受人；绝对值超出3%部分的房价款由出卖人双倍返还买受人。

面积误差比＝（产权登记面积－合同约定面积）/合同约定面积×100%

（二）当事人选择按套计价的，【建筑面积】【套内建筑面积】增加的，买受人无需支付增加面积部分的价款；【建筑面积】【套内建筑面积】减少的，出卖人返还减少面积部分的价款。

减少面积价款＝总房价/合同约定面积×（合同约定面积－产权登记面积）

第八条 付款方式及期限

（一）买受人按下列第3种方式按期付款：

1. 一次性付款

总金额（×__币）：小写：__×__元；大写：__×__。在__×__年__×__月__×__日前支付。

2. 分期付款

   ×。

3. 贷款方式付款

首付款：自本预售合同签订之日起1日内支付全部房款的31.6%，金额（ 人民 币）小写：138582.00元；大写：壹拾叁万捌仟伍佰捌拾贰圆整。

除收首付款外，剩余房款金额（人民币）小写：<u>300000</u> 元；大写：<u>叁拾万元整</u>，应于合同网上备案之日起<u>7</u> 日内（<u>2007</u> 年<u>11</u> 月<u>5</u> 日前）申请办理银行贷款手续，并按贷款方式付款。

【1】出卖人代理买受人办理贷款手续

买受人在签订合同并支付首付款后<u>5</u> 日内，将申请银行贷款需由买受人提供的证件资料交付出卖人。

【2】买受人自行办理贷款手续

出卖人应在买受人支付首付款后<u>5</u> 日内，将买受人申请银行贷款需由出卖人提供的证明资料交付买受人或买受人指定的第三人。

（二）因买受人原因，买受人未能获得银行贷款或获得贷款少于申请贷款金额的，出卖人同意买受人在<u>15</u> 日内，以自有资金或其他方式支付，在此期限内不承担逾期付款的违约责任。

因出卖人过错导致买受人未能获得银行贷款或获得贷款少于申请贷款金额的，买受人可以采取下列方式处理：<u>1</u>

（1）合同继续履行，具体付款方式和付款期限另行协商，并签订补充协议。

（2）买受人可单方面解除合同。

（3）×。

因非归责于出卖人或买受人的原因，导致买受人未能获得银行贷款或获得贷款少于申请贷款金额的，双方应就具体付款方式另行协商，并签订补充协议；协商不成的，买受人可以单方面解除合同。买受人单方面解除合同的，应书面通知出卖人，出卖人应在收到买受人书面通知的<u>15</u> 日内将买受人已支付的房价款全部退还买受人。

第九条 预售款监管

根据出卖人与<u>建设银行常州钟楼支行</u>于<u>2007</u> 年<u>9</u> 月<u>2</u> 日签订的预售款监管协议，出卖人的预售款监管银行为：<u>建设银行常州钟楼支行</u>，预售款监管账户名称：<u>公园壹号项目预售房款</u>，账号：<u>51032001610789256783200</u>。

出卖人在收到买受人交纳的房款后必须存入预售款监管账户，如买受人要求自行存入监管账户的，以买受人的要求为准，买受人可凭银行进账单向出卖人换取收款收据。

第十条 买受人逾期付款的违约责任

买受人如未按本合同规定的时间付款，按下列第<u>1</u> 种方式处理：

1. 按逾期时间，分别处理（不作累加）

（1）逾期在<u>60</u> 日之内，自本合同规定的应付款期限之第二天起至实际全额支付应付款之日止，买受人按日向出卖人支付逾期应付款万分之<u>1.5</u> 的违约金，合同继续履行；

（2）逾期超过<u>60</u> 日后，出卖人有权解除合同。出卖人解除合同的，买受人按累计应付款的<u>5</u>％向出卖人支付违约金。买受人愿意继续履行合同的，经出卖人同意，合同继续履行，自本合同规定的应付款期限之日第二天起至实际全额支付应付款之日止，买受人按日向出卖人支付逾期应付款万分之1.5（该比率应不小于第（1）项中的比率）的违约金。

本条款中的逾期应付款指依照本合同第八条规定的到期应付款与到期实际已付款的差额；采取分期付款的，按相应的分期应付款与到期的实际已付款的差额确定。

2. ××。

第十一条 交付期限、交付条件、交付手续

出卖人应当在2009年6月30日前，依照有关规定，将同时符合下列条件的商品房交付买受人使用：

1. 该商品房经有关政府部门办妥竣工备案手续；
2. 小区内公共配套设施按设计要求建成，并满足使用功能要求；
3. 道路、供电、给水、排水、供气等市政公用设施按设计要求建成，并达到正常使用条件；
4. 园林绿化工程按设计要求建成（因季节因素可顺延，但最迟应在半年内实施到位）；
5. ××。

商品房达到交付条件后，出卖人应当书面通知买受人办理交付手续。双方进行验收交接时，出卖人应当出示本条第一款规定的证明文件，并签署房屋交接单。所购商品房为住宅的，出卖人还需提供《住宅质量保证书》和《住宅使用说明书》。出卖人提供的《住宅质量保证书》和《住宅使用说明书》应不低于建设行政主管部门制定的以上文本的最低要求。出卖人不出示证明文件或出示证明文件不齐全，买受人有权拒绝交接，由此产生的延期交房责任由出卖人承担。

商品房交付后，出卖人不得以房屋已交付为借口懈怠其在本合同中应承担的其他义务。

但如遇下列特殊原因，除双方协商同意解除合同或变更合同外，出卖人可据实予以延期：

1. 遭遇不可抗力，且出卖人在发生之日起30日内告知买受人的；
2. 非出卖人原因，为遵守政府的规定、政策或遇市政重要行动而导致的延误或系市政配套设施批准与安装的延误，出卖人应以报纸公告告知买受人；
3. ××。

第十二条 出卖人逾期交房的违约责任

除本合同第十一条规定的特殊情况外，出卖人如未按本合同规定的期限将该商品房交付买受人使用，按下列第1种方式处理：

1. 按逾期时间，分别处理（不作累加）

（1）逾期不超过60日，自本合同第十一条规定的最后交付期限的第二天起至实际交付之日止，出卖人按日向买受人支付已交付房价款万分之1.5的违约金，合同继续履行；

（2）逾期超过60日后，买受人有权解除合同。买受人解除合同的，出卖人应

当自买受人解除合同通知到达之日起30天内退还全部已付款,并按买受人累计已付款的5%向买受人支付违约金。买受人要求继续履行合同的,合同继续履行,自本合同第十一条规定的最后交付期限的第二天起至实际交付之日止,出卖人按日向买受人支付已交付房价款万分之1.5(该比率应不小于第(1)项中的比率)的违约金。

2. ××。

第十三条 买受人逾期接收房屋的违约责任

商品房达到交付条件后,买受人应当在收到出卖人交房书面通知后,在约定的时间内办理收房手续。逾期不接收房屋的按下列第1种约定处理:

1. 按逾期时间,分别处理(不作累加)

(1)逾期不超过60日,买受人不办理接收房屋手续的,应向出卖人支付已付房款0.1%的违约金,合同继续履行。

(2)逾期超过60日,买受人不办理接收房屋手续的,出卖人有权解除合同,并由买受人向出卖人支付已付房款5%的违约金。若合同解除,出卖人应在解除合同后30日内将买受人已支付的房价款扣除违约金后退还买受人。

2. ××。

第十四条 规划、设计变更的约定

(一)规划变更的约定

出卖人应当按照规划行政主管部门核发的建设工程规划许可证规定的条件建设商品房,不得擅自变更。

出卖人确需变更建设工程规划许可证规定条件的,应当经过规划行政主管部门的批准。因规划变更给买受人的权益造成损失的,出卖人应当给予相应的补偿。

(二)设计变更的约定

1. 经建设行政主管部门批准,建筑工程施工图设计文件的下列设计变更影响到买受人所购商品房质量或使用功能的,出卖人应当在设计审查单位批准变更之日起10日内,书面通知买受人。

(1)该商品房结构形式、户型、空间尺寸、朝向;

(2)＿＿＿＿××；

(3)＿＿＿＿××；

(4)＿＿＿＿××；

(5)＿＿＿＿××。

出卖人未在规定时限内通知买受人的。

2. 买受人应当在通知送达之日起15日内做出是否退房的书面答复。买受人逾期未予以书面答复的,视同接受变更。

3. 买受人退房的,出卖人应当自收到退房的书面答复之日起15日内退还买受人已付房款,并按照银行当期活期利率付给利息。买受人不退房的,应当与出卖人另行签订补充协议。

4. ＿＿＿＿××。

开发项目通过有关政府部门竣工验收后到交付使用期间出卖人不得擅自拆改房屋主体结构或承重结构。

第十五条 出卖人保证作为本合同标的的商品房在交付时不存在权利瑕疵，即未设定抵押权、租赁权等；也不存在被法院或其他国家机关、部门查封的情况。若因出卖人原因，造成该商品房不能办理产权登记或发生债权债务纠纷的，由出卖人承担全部责任。

第十六条 出卖人关于装饰、设备标准承诺的违约责任

出卖人交付使用的商品房的装饰、设备标准应符合双方约定（见附件三）的标准。达不到约定标准的，买受人有权要求出卖人按照下述第 <u>2</u> 种方式处理：

1. 出卖人赔偿双倍的装饰、设备差价。
2. <u>出卖人应在合理期限内将商品房之装饰、设备标准补修至附件三规定之标准或采用其他质地、价格相当的材料和设备替代，买受人不得据此要求退房或要求出卖人赔偿，且买受人应当按照合同规定的期限完成对该商品房的验收交接手续，补修期间不视为出卖人对该商品房的逾期交付。</u>

第十七条 关于产权登记的约定

因出卖人的责任，买受人不能在房屋交付后 90 日内办理房地产权属证书的，双方同意按下列第 <u>1</u> 项处理：

1. 买受人退房，出卖人在买受人提出退房要求之日起 <u>15</u> 日内将买受人已付房价款退还，并按已付房价款的 <u>1.5</u>％赔偿买受人损失。
2. 买受人不退房，出卖人按已付房价款的 <u>××</u>％向买受人支付违约金。
3. <u>××</u>。

第十八条 房屋质量和保修责任

（一）房屋质量标准和质量问题处理

出卖人交付的商品房的建筑工程质量应符合国家和地方的强制性标准，房屋装修质量符合国家强制性标准。

1. 该房屋主体结构质量不合格的，买受人有权单方面解除合同，并有权要求出卖人按房款总价 <u>5</u>％支付违约金；
2. 除房屋主体结构以外的其他质量问题，经出卖人对同一部位 <u>3</u> 次修理，不能修复，影响买受人正常居住使用的，买受人有权退房，并有权要求出卖人按房款总价 <u>0.3</u>％支付违约金。

（二）保修责任

买受人购买的商品房为住宅的，出卖人自交付使用之日起，按照《住宅质量保证书》承诺的内容承担相应的保修责任。

出卖人应当履行保修义务而不履行，经买受人书面催告超过 15 天出卖人仍怠于履行的，买受人有权自行修复，并有权要求出卖人支付修复费。

买受人购买的商品房为非住宅商品房的，双方应当以合同附件的形式详细约定保修范围、保修期限和保修责任等内容；没有约定的，参照住宅商品房的保修责任执行。

第十九条 双方可以就下列事项约定：
1. 该商品房所在楼宇的命名权归出卖人所有；
2. 该商品房所在小区的命名权归出卖人报常州市民政局地名办批准；
3. ××；
4. ××。

第二十条 买受人的房屋仅作居住使用，买受人使用期间不得擅自改变该商品房的建筑主体结构、承重结构和用途。除本合同及其附件另有规定外，买受人在使用期间有权与其他权利人共同享用与该商品房有关联的共用部位和设施，并按占地和共用部位分摊面积承担义务。

出卖人不得擅自改变与该商品房有关联的共用部位和设施的使用性质。

第二十一条 前期物业管理
1. 出卖人依法选聘的前期物业管理企业为：常州××物业管理有限公司，资质证号为：苏物业常字第 102 号。
2. 根据前期物业服务合同的约定，前期物业管理企业提供的服务内容和收费标准及起始交费时间等详见前期物业管理协议。
3. 出卖人负责监督物业管理企业按照前期物业服务合同的约定提供物业服务。
4. 买受人已详细阅读有关物业服务的全部内容和业主临时公约，同意由出卖人依法选聘的物业管理企业提供前期物业服务，遵守业主临时公约。

第二十二条 本合同在履行过程中发生的争议，由双方当事人协商解决；协商不成的，按下述第 1 种方式解决：
1. 提交常州仲裁委员会仲裁。
2. 依法向人民法院起诉。

第二十三条 本合同未尽事项，可由双方约定后签订补充协议（见附件四）。但出卖人提供的作为合同补充内容的格式条款，不得与合同正文内容条款约定的内容相违背。

第二十四条 本合同附件是本合同不可分割的部分。本合同及其附件内，空格部分填写的内容与固定内容具有同等效力。但附件内容、空格填写内容排除固定内容的，且系不合理地减轻或免除本合同约定应由出卖人承担的责任或不合理地加重买受人责任、排除买受人主要权利的，仍以被排除固定内容为准。

第二十五条 本合同连同附件共 15 页，一式 4 份，具有同等法律效力，合同持有情况如下：

出卖人 1 份，买受人 1 份，贷款银行 1 份，产权登记机构 1 份。

第二十六条 本合同自双方签订之日起生效。

第二十七条 商品房预售的，自本合同签订之日起 10 天内，由出卖人向常州市房产管理局申请办理该商品房预售合同网上登记备案手续。若出卖人逾期不办理网上登记备案手续并造成买受人损失的，应当承担违约责任。

出卖人（签章）：常州××房地产开发有限公司　　买受人（签章）：潘健诚

【法定代表人】：张强　　　　　　　　　【法定代表人】：
【委托代理人】：　　　　　　　　　　　【委托代理人】：
(签章)　　　　　　　　　　　　　　　(签章)
2007 年 10 月 28 日　　　　　　　　　2007 年 10 月 28 日
签于公园壹号售楼处　　　　　　　　　签于公园壹号售楼处

附件一：房屋平面图
附件二：共用部位分摊建筑面积构成说明
附件三：装饰、设备标准
附件四：合同补充协议

【相关链接】

1. 换房

换房是指客户在签订认购书后，要求从原单元换至另一单元的做法，换房分为签约前换房和签约后换房。签约备案后换房手续复杂，原则上不轻易办理。当客户要求换房时，销售人员应首先做工作，尽量肯定原定房位，以免客户随意换房。若洽谈不成功则办理相应手续：

(1) 将客户要求上报主管，确认可行后方可通知客户前来换房。
(2) 及时通知销控。
(3) 客户来换房时，收回其持有的原《认购协议书》并注销。
(4) 重新填写《认购协议书》。

2. 退房

客户提出退房时，销售人员应尽量了解客户退房真正原因，采取补救措施，尽量挽回。原则上不接受退房，尤其是签约备案后的退房。客户非退不可时，办理退房手续：

(1) 将客户退房要求及原因，报现场经理或更高一级主管确认，认定退户。
(2) 通知销控放出该房位。
(3) 将作废的认购书或合同收回留存，已备案的需办理合同备案变更注销手续。
(4) 通知财务结清相关款项，原则上定金不退。

3. 催款

在签订了认购书或购房合同后，客户必须按期交款，为了尽快回收资金，销售人员必须协助催款。具体流程：

(1) 签订了认购书或购房合同后，销售人员填写《付款计划表》。
(2) 销售人员按登记表提前两三天提醒客户交款。
(3) 客户交款，财务开具收据并填写《交款清单》；客户未付款，财务填写《欠款清单》。
(4) 销售人员催收所欠房款。
(5) 逾期 5 天，公司寄发《催款信》；逾期 15 天，公司寄发《罚息通知书》；

逾期60天，公司寄发《收房通知书》。

4. 办理按揭所需资料
(1) 贷款人及配偶身份证、户口簿、婚姻状况证明；
(2) 贷款人及配偶收入证明；
(3) 在贷款银行开立的个人结算账户或银行卡账户；
(4) 首付款收据；
(5) 《商品房买卖合同》。

【任务拓展】
1. 模拟制定客户置业计划。
2. 解释认购书和合同相关条款，模拟签订认购书和购房合同。

过程4.5 协助办理交付

4.5.1 办理入住

交易结束，房屋建成，销售人员需协助办理入住和产权，这是售后服务的重要环节。入住的顺利与否是检验开发和销售工作质量的重要标志，是开发商综合实力的最好体现，因此在协助办理入住时，销售人员应及时通知客户收楼，并在办理现场耐心、细致、热情地为业主做好咨询和引导服务，以提高客户的满意度，提升开发商的形象。

【婷婷文件夹】

交 楼 通 知 书

尊敬的<u>潘健诚</u>先生：

您好！

首先感谢您选择我公司开发的物业，我们热忱地欢迎您成为公园壹号小区的主人，希望经过大家共同的努力，这里将成为您的理想家园。

您所购买的公园壹号一期（施工编号）<u>2</u>栋<u>甲</u>单元<u>803</u>号于2009年6月经常州市各政府有关部门和开发公司、常州××物业服务有限公司、建筑施工单位等组成的验收小组验收合格，具备交付条件。按合同的约定我公司将于2009年6月28日～2009年7月5日集中办理房款结算及交房入住手续。

一、办理时间：
上午：9：00～11：00　　　　下午：13：00～17：00
二、办理地点
常州市星湖大道8号公园壹号销售处。
三、办理入住时所需证件

1. 交楼通知书；

2. 购房合同原件；

3. 房款收据原件；

4. 购房人身份证原件、户口簿或结婚状况证明；

5. 如购房人未成年，购房人和其法定监护人须一起至现场办理，并提供购房人户口簿及监护人身份证原件；

6. 如需委托他人代收楼的业主（含联名业主不能到现场收楼者），请开具经公证机关公证的代理收楼委托书、代理人和业主的身份证原件；

7. 单位购房的，请持公司之营业执照副本及委托收楼函或委托书。

四、办理入住时，需交付的费用

请您依据所提供的《费用明细表》（表4-9）进行计算。

五、办理要求

1. 请您接到本通知后，按通知时间前来办理入住手续。在此期间内，公司有关部门为您提供快捷方便的服务。

2. 如果您不能在通知时间内前来办理手续，我公司将不再集中办理，但入住手续仍可办理，我公司将按购房合同约定交付期限之第二日起视为将房屋正式交付，房屋的风险责任均自该日起转移。物业管理费自合同约定交付之日第二日起计算。

六、办理入住的流程

请您仔细阅读所提供的《入住流程》（图4-4）。

七、特别提示

如您有特殊情况不能在规定时间内办理，请及时与物业公司联系。

如您在规定时间后前来办理，为避免占用过多的时间，请您先来电预约。

如有不明之处，请致电：0519-5666××××，0519-5666××××。

特此通知，顺致如意！

常州××房地产开发有限公司

常州××物业服务有限公司

2009年6月21日

附一：

交费明细表　　　　　　　　　　　　　　　　表4-9

一、房款结算					
户主	潘健诚	房号	2-甲-803	产权面积	105.2m²
单价	4153.24元/平方米	总价	436921元	需缴金额	−1661元
二、产权办理费用					
序号	交费项目	收费标准		金额（元）	备注
1	契税	房价总金额的2%		8738	代收代缴
2	产权登记费	80元/套（单身） 90元/套（共有）		80	代收代缴

续表

序号	交费项目	收费标准	金额（元）	备注
3	所有权证配图费	20元/本	20	代收代缴
4	印花税	房价总金额的0.05%	218	代收代缴
5	土地登记费	18元/户	18	代收代缴
	小　计		9074	

三、入住交纳费用

序号	交费项目	收费标准	金额（元）	备注
1	管道煤气设施费	2900元/户	2900	代收代缴
2	本体公共维修基金	建筑面积×35元/m²	3682	代收代缴
3	装修垃圾清运费	250元/户	250	
4	装修结构保证金	500元/户	500	可退
5	物业管理费	0.8元/m²·月	505	预收半年
6	电梯维护费	0.4元/m²·月	252	预收半年
	小　计		8089	
	合　计		15502	

说明：为顺利办理入住手续，请您根据以上收费标准核算您应交纳的费用，备齐现金或建行、工行信用卡。

附二：办理入住具体流程

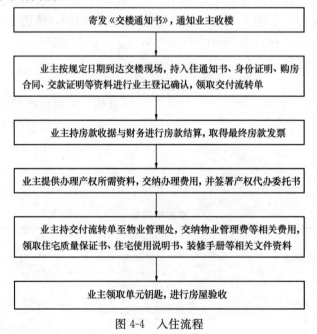

图4-4　入住流程

4.5.2 代办产权

目前开发商为消费者着想,尽可能提供人性化的售后服务,通常为客户代办产权,节约了客户大量时间和精力,也树立了自身的品牌形象。其流程如图 4-5 所示。

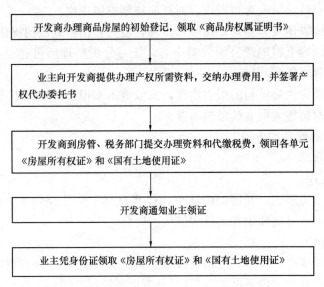

图 4-5 代办产权流程

办理产权需提交的资料和税费:
(1) 房屋所有权登记申请表;
(2)《商品房买卖合同》;
(3) 购房销售发票;
(4) 商品房结算单;
(5) 买受人及共有人身份证件;共有人之间约定产权份额的,应当共同到登记窗口现场签订财产约定书,如委托他人办理登记的,财产约定书应当经过公证。
(6) 婚姻状况证明(具体包括:当事人已婚的,需提交结婚证或能反映夫妻关系的户口簿;当事人未婚的,需提供本人户口簿;当事人离异的,需提供离婚证或法院离婚判决;丧偶者需提供配偶的死亡证明);
(7) 企业法人营业执照或事业单位法人证书,行政机关法定代表人任命书;法定代表人身份证件;
(8) 委托代办的需提交代理人身份证件和授权委托书;
(9) 维修基金缴款凭证;
(10) 缴纳契税、印花税、产权登记费、所有权证配图费、土地登记费。

过程 4.6　客户资源管理

4.6.1　客户资源管理

1. 客户资源管理的目的

(1) 及时有效地反映客户需求,对产品规划提供依据。

(2) 对宣传媒体及客户认知途径的反馈,可为营销策划部门提供参考。

(3) 相关内容上报地产公司营销中心,统一分析整理后可建立公司完整的客户资料,做到客户资源共享。

(4) 简化销售人员填写的报表内容,有效地落实报表的填写工作。

(5) 加强对销售人员业绩考核力度。

2. 客户资源管理的方法

(1) 销控管理

1) 操作程序

售房前核对房源表,开房位确认单,待客户交定金并经财务确认后,在销控处做售出标志,及时通知销售人员房位认购情况。

2) 销售统计

将销售房位楼栋、户型、面积、楼层、价格分别进行统计,售房后及时更新有关数据,并编制"销售日报表",及时反馈销售情况。对销控房位作出统计,根据销售情况和客户意向对销控比例进行适当调整。

3) 销售动态及广告效果监控

对每天的来人来电作出统计,及时反馈客户关注问题,编制"销售日动态表";并为广告效果测评提供依据,从而适时调整广告策略。

(2) 意向客户资源管理

1) 售楼人员接待客户后将客户填入《意向客户登记表》并及时填报客户追踪情况。

2) 根据客户等级,将意向明确的客户报给销控部门,以便协调房源。

3) 为便于管理,每位销售代表一个页面,将意向客户按销售代表分类,以利于对客户的跟踪信息查询。

(3) 定金客户管理

1) 客户定房后,销控部门将资料输入《业主登记一览表》,以便于对客户情况进行查询。

2) 对客户的职业、经济收入水平、文化层次、居住区域、了解产品渠道、消费心理等方面进行统计分类,使目标客户群的定位更明晰,以适当调整营销策略,有的放矢,从而扩大目标市场占有率。

3) 业主换房或退房,要将业主换房或退房情况输入《客户换房、退房一览表》,并及时更新《业主登记一览表》有关数据。可定期出一份《销售退房情况一览表》,以便掌握销售动态,并总结退房原因,及时调整销售策略。

4）特殊优惠客户备案，将享受特殊优惠的客户资料输入《特殊优惠客户一览表》。

（4）签约管理

1）签约客户管理。将未按规定期限签约的客户输入《未签约客户一览表》，按销售代表分类，以便尽早解决签约遗留问题，加速资金回笼。

2）签订合同管理。客户签订购房合同后，销控部门及时将签约情况输入《客户签约一览表》，并在备注栏中将合同的某些特殊条款列明，以便日后查询。

（5）资金回笼管理

客户交款情况输入《客户交款情况明细表》，客户可按付款方式分类，以便及时向客户催款或催办按揭，从而加速资金回笼。

（6）问题客户管理

对于一些存在棘手问题的客户，可将其情况输入《问题客户一览表》，并及时上报，以便尽快解决。

【婷婷文件夹】（表4-10）

公园壹号销售日报表　　　　表 4-10

日期：　年　月　日　星期　　　　　　　　面积单位：平方米　金额单位：元

销售人员			…	陈婷婷	沈丽红	…	当日合计	本月累计
共接待客户组数								
其中	新客户	有希望						
		希望一般						
		其他						
	老客户	有希望						
		希望一般						
		其他						
接听电话组数								
电话跟踪组数								
小定	小定户数							
	小定金额							
大定	大定户数							
	大定面积							
	大定金额							
签约	签约户数							
	签约面积							
	签约金额							
退户	退户户数							
	退户面积							
	退户金额							
回款金额								
总可售户数					户数销售率			
总可售面积					面积销售率			
广告表现								

制表人：

【相关链接】

关 系 营 销

关系营销是20世90年代初在西方企业界兴起的一种新的营销战略思想和营销策略。它的关键在于：企业不仅要争取顾客和创造交易，而且更重要的是和顾客、中间商、供应商建立长期的、彼此信任的、互利的、牢固的合作伙伴关系。因而市场营销的核心从交换转变到关系。关系营销要求企业必须：（1）真正树立以消费者为中心的观念，一切从消费者出发并将此理念贯穿于企业生产经营的全过程；（2）切实关心消费者利益，提高消费者的满意程度，使顾客利益落到实处；（3）变介绍＋销售为交流＋分享，加强与消费者联系、沟通，增进双方感情。在关系营销中，企业不再是单纯的销售而是给消费者以咨询、帮助，为消费者解决困难；受关照的消费者也会主动地将竞争对手的信息、将改进意见及时地回馈给企业。"关系"一旦建立，企业即能及时监视竞争对手，能设计生产出最能满足消费者需要的产品，能在最短的时间内完成销售从而获得利润最大化；而消费者也将在企业的帮助下降低消费风险，购买到能满足现在与未来需求的产品。

顾客俱乐部是最典型的关系营销。深圳××地产有限公司推出的"万客会"——"××地产客户俱乐部"，在地产界率先展开了全面的关系营销。1998年8月15日和9月1日，"万客会"招募会员广告于《深圳特区报》刊出两期，规定只需年满18周岁，无论性别国籍，均可入会。入会并不收取任何费用，条件是必须填写一份精心设计的包括职业、年薪等情况的个人资料、现居住状况、购房置业理想的问卷。

招募广告称，万客会的宗旨是通过与会员的沟通，致力于达成以下目标：会员可以仔细地了解如何更好地购买××地产开发的房产；会员可以仔细地了解做××地产业主的权利和待遇；会员可以将意见和有关问题进行愉快投诉和细致反应；诚恳顺畅地与会员展开有关房产业务的沟通和交流；向会员及时提供××地产最新推出的楼盘情况与资料；更贴近地了解会员对××房产的需求或建议，从而改善小区规划和住宅设计；加强和促进深圳××地产作为发展商与社会各界的密切联系。

"万客会"规定，会员享有下列优惠：可以提前收到深圳××地产最新推出的楼盘资料和售楼全套资料；可以在正式推出之前，得到优先安排参观深圳××地产的销售示范单位；可以得到优先安排选购房产、选择朝向、挑选楼层；可以参加由"万客会"组织的、对××地产现有房产物业浏览和参观活动；可以由本会特别安排参观××集团在内地的优良房产及物业；可以自由选择参加"万客会"举办的各类公众社会活动，享用"万客会"精选商号所提供的购物折扣和优惠价格；可以了解购买××房产的基本常识，和得到采用标准交易程序实惠购房的帮助；可以免费收到由××集团总部出版的《××周刊》。而入会一年以上或曾经购买过××房产的资深会员，除享有以上优惠外，还可以再享受1％～5％的购房优惠。

由此可见,"万客会"的成立就是为了与××老客户、或想成为××客户、或不想成为××客户但想了解××的消费者交流沟通,就是为了使××地产公司能深入客户和潜在客户并倾听他们的声音,让客户了解××地产并直接感受××地产,使发展商与客户进行长期有效的接触,就是为了使××能更详尽地把控市场,更深刻了解客户的现实需求,使该公司能协助客户进行审慎的地产投资,从而建立一种长期的关系以便更好地卖房子。

十余年间,"万客会"在深圳、上海、北京、天津、沈阳、成都、武汉、南昌、长春等城市设有分会,会员人数超十万,"万客会"已经成为一个运作成熟、会员众多的客户俱乐部组织,是与全社会互动的××家观念的交流平台、××家观念的倡导者和传播者。

4.6.2 CRM 软件系统简介

CRM(Customer Relationship Management 客户关系管理)是××软件公司开发的房地产应用软件,它基于先进的 CRM 理念,融合了多家地产领先企业的业务实践,在地产行业得到广泛应用。CRM 系统涵盖地产企业市场营销、销售/租赁、客户服务、客户会以及客户互动门户等一系列与客户相关的业务流程,有效管理客户整个生命周期,实现客户价值最大化。CRM 系统包括售楼管理、租赁管理、会员管理和客户服务管理等子系统。

CRM 系统业务流程如图 4-6 所示。

1. CRM 售楼管理系统

CRM 售楼管理子系统充分吸收 CRM 理念的精髓,为房地产企业提供了一项具有地产特色的商业策略。它从销售的业务环节切入,按照客户细分情况有效地组织企业的相关资源,培养以客户为中心的经营行为习惯,实施以客户为中心的业务管理流程,并以此为手段提升客户满意度,进而实现客户价值最大化。

通过应用 CRM 售楼管理子系统,房地产企业可以根据销售业务的实际流程,实现从项目准备、市场营销、客户跟进、交易管理、售后服务以及财务过程管理等一系列流程的高效管理和严密控制,以客户为中心,大大提高运作效率和对销售业务进程的掌控能力,全面提高企业的综合竞争能力。

2. CRM 租赁管理系统

CRM 租赁管理子系统针对房地产二级市场的写字楼、商铺、公寓等物业类型的租赁业务,围绕租赁业务中的客户经营、资产管理与合同管理三方面展开,强调以客户为中心的经营行为以及实施针对性业务流程,按照前期的客户跟进洽谈、签约过程的客户服务、合同执行过程中的客户持续经营这样一条主线索来组织系统功能,并以此为手段来提升房地产企业的竞争能力、利润以及客户满意度。

通过应用 CRM 租赁管理子系统,房地产企业可以结合租赁业务的实际流程,实现从项目招商、交易过程管理、租赁经营管理,到财务管理等一系列流程的高效管理和严格控制,形成以客户为中心的业务运作流程,大大提高租赁经营运作效率和掌控客户能力,全面提升企业竞争能力。

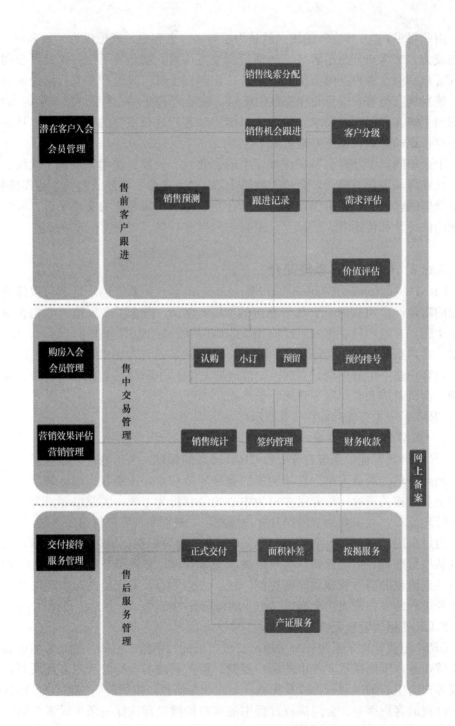

图 4-6 CRM 售楼管理系统业务流程

3. CRM 客户服务系统

近年来,随着 CRM 在地产行业的传播,企业开始引入"全程客户服务"的理念,关注客户与企业之间所有的交互环节。客户服务部门统一协调企业内部资源，为客户提供更高标准的服务，不断优化客户体验。目前，客户服务能力逐渐成为房地产企业核心竞争力的重要组成部分。为了帮助地产企业提升服务水准，软件公司推出了客户服务管理系统，该系统是 CRM 子系统之一。应用该系统不仅可以辅助地产企业建立规范有序的客户服务体系，快速有效地处理客户的服务请求，还可以分析客户问题，为工程、设计、服务等多部门提供优化工作的指导意见。

4. CRM 会员管理系统

CRM 会员管理系统是用来管理房地产会员业务的平台。该系统以会员（客户）记录为中心，提供会员信息化共享平台、准确挖掘高价值的客户、简化各个业务部门工作等，使企事业会员俱乐部将注意力集中于满足客户的各项需要，逐步建立起多种多样的与会员进行交流和互动的渠道——如：面对面、电话接洽、网站 BBS 系统、电子邮件、手机短信、客户会杂志、会员活动等——协调在一个统一的平台之上，这样，不仅为企业提供了全方位的客户视角，更为重要的是，可以按照会员的喜好使用适当的渠道与之进行有效的互动交流。依托这个信息化的平台，地产企业可以根据本公司的特色特点，发展适合自身情况的会员维系计划，促进整体经营水平的提高。

【任务拓展】

模 拟 售 楼 实 训

一、实训目的

通过模拟销售，全面掌握房地产销售流程，分析购房者的消费需求，运用基本的售楼技巧，提高销售的应变能力，为以后从事房地产销售工作打下良好的基础。

二、实训形式

以小组为单位，分别扮演售楼员和购房者，在校内实训室进行模拟训练。

三、实训步骤

(1) 对样本楼盘项目进行市调，查询相关资料；
(2) 结合扮演角色，拟订演习程序、说词等并写成书面材料；
(3) 在实训室，轮流扮演角色进行售楼演习。

四、考核要求

(1) 准备售楼所需要的相关资料；
(2) 恰当运用售楼的工作流程和行为规范；
(3) 分析不同身份购房者的消费需求特点；
(4) 分组讨论，总结经验，检查不足及提出合理化建议；
(5) 实训结束后，每位学生完成一份实训报告；
(6) 每组完成一份项目资料汇编，包括楼盘项目介绍、沙盘解说词、样板房解说词、经典户型分析、答客问、来客登记表、客户置业计划、已签的购房协议和购房合同等。

附：实训报告

  一、实训项目
  二、实训目的
  三、实训过程
  四、实训小组名单及任务分配
  五、本人承担任务及完成情况
  六、实训小结
  七、资料汇编

附录 A

《中华人民共和国城市房地产管理法》

中华人民共和国主席令第 72 号

《全国人民代表大会常务委员会关于修改〈中华人民共和国城市房地产管理法〉的决定》已由中华人民共和国第十届全国人民代表大会常务委员会第二十九次会议于 2007 年 8 月 30 日通过，现予公布，自公布之日起施行。

中华人民共和国主席　胡锦涛
2007 年 8 月 30 日

中华人民共和国城市房地产管理法

（1994 年 7 月 5 日第八届全国人民代表大会常务委员会第八次会议通过，根据 2007 年 8 月 30 日第十届全国人民代表大会常务委员会第二十九次会议《关于修改〈中华人民共和国城市房地产管理法〉的决定》修正）

第一章　总　则

第一条　为了加强对城市房地产的管理，维护房地产市场秩序，保障房地产权利人的合法权益，促进房地产业的健康发展，制定本法。

第二条　在中华人民共和国城市规划区国有土地（以下简称国有土地）范围内取得房地产开发用地的土地使用权，从事房地产开发、房地产交易，实施房地产管理，应当遵守本法。

本法所称房屋，是指土地上的房屋等建筑物及构筑物。

本法所称房地产开发，是指在依据本法取得国有土地使用权的土地上进行基础设施、房屋建设的行为。

本法所称房地产交易，包括房地产转让、房地产抵押和房屋租赁。

第三条 国家依法实行国有土地有偿、有限期使用制度。但是，国家在本法规定的范围内划拨国有土地使用权的除外。

第四条 国家根据社会、经济发展水平，扶持发展居民住宅建设，逐步改善居民的居住条件。

第五条 房地产权利人应当遵守法律和行政法规，依法纳税。房地产权利人的合法权益受法律保护，任何单位和个人不得侵犯。

第六条 为了公共利益的需要，国家可以征收国有土地上单位和个人的房屋，并依法给予拆迁补偿，维护被征收人的合法权益；征收个人住宅的，还应当保障被征收人的居住条件。具体办法由国务院规定。

第七条 国务院建设行政主管部门、土地管理部门依照国务院规定的职权划分，各司其职，密切配合，管理全国房地产工作。

县级以上地方人民政府房产管理、土地管理部门的机构设置及其职权由省、自治区、直辖市人民政府确定。

第二章 房地产开发用地

第一节 土地使用权出让

第八条 土地使用权出让，是指国家将国有土地使用权（以下简称土地使用权）在一定年限内出让给土地使用者，由土地使用者向国家支付土地使用权出让金的行为。

第九条 城市规划区内的集体所有的土地，经依法征用转为国有土地后，该幅国有土地的使用权方可有偿出让。

第十条 土地使用权出让，必须符合土地利用总体规划、城市规划和年度建设用地计划。

第十一条 县级以上地方人民政府出让土地使用权用于房地产开发的，须根据省级以上人民政府下达的控制指标拟订年度出让土地使用权总面积方案，按照国务院规定，报国务院或者省级人民政府批准。

第十二条 土地使用权出让，由市、县人民政府有计划、有步骤地进行。出让的每幅地块、用途、年限和其他条件，由市、县人民政府土地管理部门会同城市规划、建设、房产管理部门共同拟订方案，按照国务院规定，报经有批准权的人民政府批准后，由市、县人民政府土地管理部门实施。

直辖市的县人民政府及其有关部门行使前款规定的权限，由直辖市人民政府规定。

第十三条 土地使用权出让，可以采取拍卖、招标或者双方协议的方式。

商业、旅游、娱乐和豪华住宅用地，有条件的，必须采取拍卖、招标方式；没有条件，不能采取拍卖、招标方式的，可以采取双方协议的方式。

采取双方协议方式出让土地使用权的出让金不得低于按国家规定所确定的最低价。

第十四条　土地使用权出让最高年限由国务院规定。

第十五条　土地使用权出让，应当签订书面出让合同。

土地使用权出让合同由市、县人民政府土地管理部门与土地使用者签订。

第十六条　土地使用者必须按照出让合同约定，支付土地使用权出让金；未按照出让合同约定支付土地使用权出让金的，土地管理部门有权解除合同，并可以请求违约赔偿。

第十七条　土地使用者按照出让合同约定支付土地使用权出让金的，市、县人民政府土地管理部门必须按照出让合同约定，提供出让的土地；未按照出让合同约定提供出让的土地的，土地使用者有权解除合同，由土地管理部门返还土地使用权出让金，土地使用者还可以请求违约赔偿。

第十八条　土地使用者需要改变土地使用权出让合同约定的土地用途的，必须取得出让方和市、县人民政府城市规划行政主管部门的同意，签订土地使用权出让合同变更协议或者重新签订土地使用权出让合同，相应调整土地使用权出让金。

第十九条　土地使用权出让金应当全部上缴财政，列入预算，用于城市基础设施建设和土地开发。土地使用权出让金上缴和使用的具体办法由国务院规定。

第二十条　国家对土地使用者依法取得的土地使用权，在出让合同约定的使用年限届满前不收回；在特殊情况下，根据社会公共利益的需要，可以依照法律程序提前收回，并根据土地使用者使用土地的实际年限和开发土地的实际情况给予相应的补偿。

第二十一条　土地使用权因土地灭失而终止。

第二十二条　土地使用权出让合同约定的使用年限届满，土地使用者需要继续使用土地的，应当至迟于届满前一年申请续期，除根据社会公共利益需要收回该幅土地的，应当予以批准。经批准准予续期的，应当重新签订土地使用权出让合同，依照规定支付土地使用权出让金。

土地使用权出让合同约定的使用年限届满，土地使用者未申请续期或者虽申请续期但依照前款规定未获批准的，土地使用权由国家无偿收回。

第二节　土地使用权划拨

第二十三条　土地使用权划拨，是指县级以上人民政府依法批准，在土地使用者缴纳补偿、安置等费用后将该幅土地交付其使用，或者将土地使用权无偿交付给土地使用者使用的行为。

依照本法规定以划拨方式取得土地使用权的，除法律、行政法规另有规定外，没有使用期限的限制。

第二十四条　下列建设用地的土地使用权，确属必需的，可以由县级以上人民政府依法批准划拨：

（一）国家机关用地和军事用地；

（二）城市基础设施用地和公益事业用地；

（三）国家重点扶持的能源、交通、水利等项目用地；

（四）法律、行政法规规定的其他用地。

第三章 房地产开发

第二十五条 房地产开发必须严格执行城市规划，按照经济效益、社会效益、环境效益相统一的原则，实行全面规划、合理布局、综合开发、配套建设。

第二十六条 以出让方式取得土地使用权进行房地产开发的，必须按照土地使用权出让合同约定的土地用途、动工开发期限开发土地。超过出让合同约定的动工开发日期满一年未动工开发的，可以征收相当于土地使用权出让金百分之二十以下的土地闲置费；满二年未动工开发的，可以无偿收回土地使用权；但是，因不可抗力或者政府、政府有关部门的行为或者动工开发必需的前期工作造成动工开发迟延的除外。

第二十七条 房地产开发项目的设计、施工，必须符合国家的有关标准和规范。

房地产开发项目竣工，经验收合格后，方可交付使用。

第二十八条 依法取得的土地使用权，可以依照本法和有关法律、行政法规的规定，作价入股，合资、合作开发经营房地产。

第二十九条 国家采取税收等方面的优惠措施鼓励和扶持房地产开发企业开发建设居民住宅。

第三十条 房地产开发企业是以盈利为目的，从事房地产开发和经营的企业。设立房地产开发企业，应当具备下列条件：

（一）有自己的名称和组织机构；

（二）有固定的经营场所；

（三）有符合国务院规定的注册资本；

（四）有足够的专业技术人员；

（五）法律、行政法规规定的其他条件。

设立房地产开发企业，应当向工商行政管理部门申请设立登记。工商行政管理部门对符合本法规定条件的，应当予以登记，发给营业执照；对不符合本法规定条件的，不予登记。

设立有限责任公司、股份有限公司，从事房地产开发经营的，还应当执行公司法的有关规定。

房地产开发企业在领取营业执照后的一个月内，应当到登记机关所在地的县级以上地方人民政府规定的部门备案。

第三十一条 房地产开发企业的注册资本与投资总额的比例应当符合国家有关规定。

房地产开发企业分期开发房地产的，分期投资额应当与项目规模相适应，并按照土地使用权出让合同的约定，按期投入资金，用于项目建设。

第四章 房地产交易

第一节 一般规定

第三十二条 房地产转让、抵押时,房屋的所有权和该房屋占用范围内的土地使用权同时转让、抵押。

第三十三条 基准地价、标定地价和各类房屋的重置价格应当定期确定并公布。具体办法由国务院规定。

第三十四条 国家实行房地产价格评估制度。

房地产价格评估,应当遵循公正、公平、公开的原则,按照国家规定的技术标准和评估程序,以基准地价、标定地价和各类房屋的重置价格为基础,参照当地的市场价格进行评估。

第三十五条 国家实行房地产成交价格申报制度。

房地产权利人转让房地产,应当向县级以上地方人民政府规定的部门如实申报成交价,不得瞒报或者作不实的申报。

第三十六条 房地产转让、抵押,当事人应当依照本法第五章的规定办理权属登记。

第二节 房地产转让

第三十七条 房地产转让,是指房地产权利人通过买卖、赠与或者其他合法方式将其房地产转移给他人的行为。

第三十八条 下列房地产,不得转让:

(一)以出让方式取得土地使用权的,不符合本法第三十九条规定的条件的;

(二)司法机关和行政机关依法裁定、决定查封或者以其他形式限制房地产权利的;

(三)依法收回土地使用权的;

(四)共有房地产,未经其他共有人书面同意的;

(五)权属有争议的;

(六)未依法登记领取权属证书的;

(七)法律、行政法规规定禁止转让的其他情形。

第三十九条 以出让方式取得土地使用权的,转让房地产时,应当符合下列条件:

(一)按照出让合同约定已经支付全部土地使用权出让金,并取得土地使用权证书;

(二)按照出让合同约定进行投资开发,属于房屋建设工程的,完成开发投资总额的百分之二十五以上,属于成片开发土地的,形成工业用地或者其他建设用地条件。

转让房地产时房屋已经建成的,还应当持有房屋所有权证书。

第四十条 以划拨方式取得土地使用权的，转让房地产时，应当按照国务院规定，报有批准权的人民政府审批。有批准权的人民政府准予转让的，应当由受让方办理土地使用权出让手续，并依照国家有关规定缴纳土地使用权出让金。

以划拨方式取得土地使用权的，转让房地产报批时，有批准权的人民政府按照国务院规定决定可以不办理土地使用权出让手续的，转让方应当按照国务院规定将转让房地产所获收益中的土地收益上缴国家或者作其他处理。

第四十一条 房地产转让，应当签订书面转让合同，合同中应当载明土地使用权取得的方式。

第四十二条 房地产转让时，土地使用权出让合同载明的权利、义务随之转移。

第四十三条 以出让方式取得土地使用权的，转让房地产后，其土地使用权的使用年限为原土地使用权出让合同约定的使用年限减去原土地使用者已经使用年限后的剩余年限。

第四十四条 以出让方式取得土地使用权的，转让房地产后，受让人改变原土地使用权出让合同约定的土地用途的，必须取得原出让方和市、县人民政府城市规划行政主管部门的同意，签订土地使用权出让合同变更协议或者重新签订土地使用权出让合同，相应调整土地使用权出让金。

第四十五条 商品房预售，应当符合下列条件：

（一）已交付全部土地使用权出让金，取得土地使用权证书；

（二）持有建设工程规划许可证；

（三）按提供预售的商品房计算，投入开发建设的资金达到工程建设总投资的百分之二十五以上，并已经确定施工进度和竣工交付日期；

（四）向县级以上人民政府房产管理部门办理预售登记，取得商品房预售许可证明。

商品房预售人应当按照国家有关规定将预售合同报县级以上人民政府房产管理部门和土地管理部门登记备案。

商品房预售所得款项，必须用于有关的工程建设。

第四十六条 商品房预售的，商品房预购人将购买的未竣工的预售商品房再行转让的问题，由国务院规定。

第三节 房地产抵押

第四十七条 房地产抵押，是指抵押人以其合法的房地产以不转移占有的方式向抵押权人提供债务履行担保的行为。债务人不履行债务时，抵押权人有权依法以抵押的房地产拍卖所得的价款优先受偿。

第四十八条 依法取得的房屋所有权连同该房屋占用范围内的土地使用权，可以设定抵押权。

以出让方式取得的土地使用权，可以设定抵押权。

第四十九条 房地产抵押，应当凭土地使用权证书、房屋所有权证书办理。

第五十条 房地产抵押，抵押人和抵押权人应当签订书面抵押合同。

第五十一条 设定房地产抵押权的土地使用权是以划拨方式取得的，依法拍卖该房地产后，应当从拍卖所得的价款中缴纳相当于应缴纳的土地使用权出让金的款额后，抵押权人方可优先受偿。

第五十二条 房地产抵押合同签订后，土地上新增的房屋不属于抵押财产。需要拍卖该抵押的房地产时，可以依法将土地上新增的房屋与抵押财产一同拍卖，但对拍卖新增房屋所得，抵押权人无权优先受偿。

第四节 房屋租赁

第五十三条 房屋租赁，是指房屋所有权人作为出租人将其房屋出租给承租人使用，由承租人向出租人支付租金的行为。

第五十四条 房屋租赁，出租人和承租人应当签订书面租赁合同，约定租赁期限、租赁用途、租赁价格、修缮责任等条款，以及双方的其他权利和义务，并向房产管理部门登记备案。

第五十五条 住宅用房的租赁，应当执行国家和房屋所在城市人民政府规定的租赁政策。租用房屋从事生产、经营活动的，由租赁双方协商议定租金和其他租赁条款。

第五十六条 以盈利为目的，房屋所有权人将以划拨方式取得使用权的国有土地上建成的房屋出租的，应当将租金中所含土地收益上缴国家。具体办法由国务院规定。

第五节 中介服务机构

第五十七条 房地产中介服务机构包括房地产咨询机构、房地产价格评估机构、房地产经纪机构等。

第五十八条 房地产中介服务机构应当具备下列条件：
（一）有自己的名称和组织机构；
（二）有固定的服务场所；
（三）有必要的财产和经费；
（四）有足够数量的专业人员；
（五）法律、行政法规规定的其他条件。

设立房地产中介服务机构，应当向工商行政管理部门申请设立登记，领取营业执照后，方可开业。

第五十九条 国家实行房地产价格评估人员资格认证制度。

第五章 房地产权属登记管理

第六十条 国家实行土地使用权和房屋所有权登记发证制度。

第六十一条 以出让或者划拨方式取得土地使用权，应当向县级以上地方人民政府土地管理部门申请登记，经县级以上地方人民政府土地管理部门核实，由同级人民政府颁发土地使用权证书。

在依法取得的房地产开发用地上建成房屋的,应当凭土地使用权证书向县级以上地方人民政府房产管理部门申请登记,由县级以上地方人民政府房产管理部门核实并颁发房屋所有权证书。

房地产转让或者变更时,应当向县级以上地方人民政府房产管理部门申请房产变更登记,并凭变更后的房屋所有权证书向同级人民政府土地管理部门申请土地使用权变更登记,经同级人民政府土地管理部门核实,由同级人民政府更换或者更改土地使用权证书。

法律另有规定的,依照有关法律的规定办理。

第六十二条　房地产抵押时,应当向县级以上地方人民政府规定的部门办理抵押登记。

因处分抵押房地产而取得土地使用权和房屋所有权的,应当依照本章规定办理过户登记。

第六十三条　经省、自治区、直辖市人民政府确定,县级以上地方人民政府由一个部门统一负责房产管理和土地管理工作的,可以制作、颁发统一的房地产权证书,依照本法第六十一条的规定,将房屋的所有权和该房屋占用范围内的土地使用权的确认和变更,分别载入房地产权证书。

第六章　法　律　责　任

第六十四条　违反本法第十一条、第十二条的规定,擅自批准出让或者擅自出让土地使用权用于房地产开发的,由上级机关或者所在单位给予有关责任人员行政处分。

第六十五条　违反本法第三十条的规定,未取得营业执照擅自从事房地产开发业务的,由县级以上人民政府工商行政管理部门责令停止房地产开发业务活动,没收违法所得,可以并处罚款。

第六十六条　违反本法第三十九条第一款的规定转让土地使用权的,由县级以上人民政府土地管理部门没收违法所得,可以并处罚款。

第六十七条　违反本法第四十条第一款的规定转让房地产的,由县级以上人民政府土地管理部门责令缴纳土地使用权出让金,没收违法所得,可以并处罚款。

第六十八条　违反本法第四十五条第一款的规定预售商品房的,由县级以上人民政府房产管理部门责令停止预售活动,没收违法所得,可以并处罚款。

第六十九条　违反本法第五十八条的规定,未取得营业执照擅自从事房地产中介服务业务的,由县级以上人民政府工商行政管理部门责令停止房地产中介服务业务活动,没收违法所得,可以并处罚款。

第七十条　没有法律、法规的依据,向房地产开发企业收费的,上级机关应当责令退回所收取的钱款;情节严重的,由上级机关或者所在单位给予直接责任人员行政处分。

第七十一条　房产管理部门、土地管理部门工作人员玩忽职守、滥用职权,构成犯罪的，依法追究刑事责任；不构成犯罪的，给予行政处分。

房产管理部门、土地管理部门工作人员利用职务上的便利，索取他人财物，或者非法收受他人财物为他人谋取利益，构成犯罪的，依照惩治贪污罪贿赂罪的补充规定追究刑事责任；不构成犯罪的，给予行政处分。

第七章 附 则

第七十二条 在城市规划区外的国有土地范围内取得房地产开发用地的土地使用权，从事房地产开发、交易活动以及实施房地产管理，参照本法执行。

第七十三条 本法自1995年1月1日起施行。

附录 B

《商品房销售管理办法》

中华人民共和国建设部令第 88 号

《商品房销售管理办法》已于 2001 年 3 月 14 日经建设部第 38 次部常委会议审议通过，现予发布，自 2001 年 6 月 1 日起施行。

部长：俞正声
二〇〇一年四月四日

商品房销售管理办法

第一章 总 则

第一条 为了规范商品房销售行为，保障商品房交易双方当事人的合法权益，根据《中华人民共和国城市房地产管理法》、《城市房地产开发经营管理条例》，制定本办法。

第二条 商品房销售及商品房销售管理应当遵守本办法。

第三条 商品房销售包括商品房现售和商品房预售。

本办法所称商品房现售，是指房地产开发企业将竣工验收合格的商品房出售给买受人，并由买受人支付房价款的行为。

本办法所称商品房预售，是指房地产开发企业将正在建设中的商品房预先出售给买受人，并由买受人支付定金或者房价款的行为。

第四条 房地产开发企业可以自行销售商品房，也可以委托房地产中介服务机构销售商品房。

第五条 国务院建设行政主管部门负责全国商品房的销售管理工作。

省、自治区人民政府建设行政主管部门负责本行政区域内商品房的销售管理工作。

直辖市、市、县人民政府建设行政主管部门、房地产行政主管部门（以下统称房地产开发主管部门）按照职责分工，负责本行政区域内商品房的销售管理工作。

第二章 销 售 条 件

第六条 商品房预售实行预售许可制度。

商品房预售条件及商品房预售许可证明的办理程序，按照《城市房地产开发经营管理条例》和《城市商品房预售管理办法》的有关规定执行。

第七条 商品房现售，应当符合以下条件：

（一）现售商品房的房地产开发企业应当具有企业法人营业执照和房地产开发企业资质证书；

（二）取得土地使用权证书或者使用土地的批准文件；

（三）持有建设工程规划许可证和施工许可证；

（四）已通过竣工验收；

（五）拆迁安置已经落实；

（六）供水、供电、供热、燃气、通信等配套基础设施具备交付使用条件，其他配套基础设施和公共设施具备交付使用条件或者已确定施工进度和交付日期；

（七）物业管理方案已经落实。

第八条 房地产开发企业应当在商品房现售前将房地产开发项目手册及符合商品房现售条件的有关证明文件报送房地产开发主管部门备案。

第九条 房地产开发企业销售设有抵押权的商品房，其抵押权的处理按照《中华人民共和国担保法》、《城市房地产抵押管理办法》的有关规定执行。

第十条 房地产开发企业不得在未解除商品房买卖合同前，将作为合同标的物的商品房再行销售给他人。

第十一条 房地产开发企业不得采取返本销售或者变相返本销售的方式销售商品房。

房地产开发企业不得采取售后包租或者变相售后包租的方式销售未竣工商品房。

第十二条 商品住宅按套销售，不得分割拆零销售。

第十三条 商品房销售时，房地产开发企业选聘了物业管理企业的，买受人应当在订立商品房买卖合同时与房地产开发企业选聘的物业管理企业订立有关物业管理的协议。

第三章 广 告 与 合 同

第十四条 房地产开发企业、房地产中介服务机构发布商品房销售宣传广告，应当执行《中华人民共和国广告法》、《房地产广告发布暂行规定》等有关规定，广告内容必须真实、合法、科学、准确。

第十五条 房地产开发企业、房地产中介服务机构发布的商品房销售广告和宣传资料所明示的事项，当事人应当在商品房买卖合同中约定。

第十六条 商品房销售时，房地产开发企业和买受人应当订立书面商品房买卖合同。

商品房买卖合同应当明确以下主要内容：

（一）当事人名称或者姓名和住所；

（二）商品房基本状况；

（三）商品房的销售方式；

（四）商品房价款的确定方式及总价款、付款方式、付款时间；

（五）交付使用条件及日期；

（六）装饰、设备标准承诺；

（七）供水、供电、供热、燃气、通信、道路、绿化等配套基础设施和公共设施的交付承诺和有关权益、责任；

（八）公共配套建筑的产权归属；

（九）面积差异的处理方式；

（十）办理产权登记有关事宜；

（十一）解决争议的方法；

（十二）违约责任；

（十三）双方约定的其他事项。

第十七条 商品房销售价格由当事人协商议定，国家另有规定的除外。

第十八条 商品房销售可以按套（单元）计价，也可以按套内建筑面积或者建筑面积计价。商品房建筑面积由套内建筑面积和分摊的共有建筑面积组成，套内建筑面积部分为独立产权，分摊的共有建筑面积部分为共有产权，买受人按照法律、法规的规定对其享有权利，承担责任。

按套（单元）计价或者按套内建筑面积计价的，商品房买卖合同中应当注明建筑面积和分摊的共有建筑面积。

第十九条 按套（单元）计价的现售房屋，当事人对现售房屋实地勘察后可以在合同中直接约定总价款。

按套（单元）计价的预售房屋，房地产开发企业应当在合同中附所售房屋的平面图。平面图应当标明详细尺寸，并约定误差范围。房屋交付时，套型与设计图纸一致，相关尺寸也在约定的误差范围内，维持总价款不变；套型与设计图纸不一致或者相关尺寸超出约定的误差范围，合同中未约定处理方式的，买受人可以退房或者与房地产开发企业重新约定总价款。买受人退房的，由房地产开发企业承担违约责任。

第二十条 按套内建筑面积或者建筑面积计价的，当事人应当在合同中载明合同约定面积与产权登记面积发生误差的处理方式。

合同未作约定的，按以下原则处理：

（一）面积误差比绝对值在3%以内（含3%）的，据实结算房价款；

（二）面积误差比绝对值超出3%时，买受人有权退房。买受人退房的，房地产开发企业应当在买受人提出退房之日起30日内将买受人已付房价款退还给买受人，同时支付已付房价款利息。买受人不退房的，产权登记面积大于合同约定面积时，面积误差比在3%以内（含3%）部分的房价款由买受人补足；超出3%部分的房价款由房地产开发企业承担，产权归买受人。产权登记面积小于合同约定面积时，面积误差比绝对值在3%以内（含3%）部分的房价款由房地产开发企业返还买受人；绝对值超出3%部分的房价款由房地产开发企业双倍返还买受人。

$$面积误差比=\frac{产权登记面积-合同约定面积}{合同约定面积}\times100\%$$

因本办法第二十四条规定的规划设计变更造成面积差异，当事人不解除合同的，应当签署补充协议。

第二十一条 按建筑面积计价的，当事人应当在合同中约定套内建筑面积和分摊的共有建筑面积，并约定建筑面积不变而套内建筑面积发生误差以及建筑面积与套内建筑面积均发生误差时的处理方式。

第二十二条 不符合商品房销售条件的，房地产开发企业不得销售商品房，不得向买受人收取任何预订款性质费用。

符合商品房销售条件的，房地产开发企业在订立商品房买卖合同之前向买受人收取预订款性质费用的，订立商品房买卖合同时，所收费用应当抵作房价款；当事人未能订立商品房买卖合同的，房地产开发企业应当向买受人返还所收费用；当事人之间另有约定的，从其约定。

第二十三条 房地产开发企业应当在订立商品房买卖合同之前向买受人明示《商品房销售管理办法》和《商品房买卖合同示范文本》；预售商品房的，还必须明示《城市商品房预售管理办法》。

第二十四条 房地产开发企业应当按照批准的规划、设计建设商品房。商品房销售后，房地产开发企业不得擅自变更规划、设计。

经规划部门批准的规划变更、设计单位同意的设计变更导致商品房的结构型式、户型、空间尺寸、朝向变化，以及出现合同当事人约定的其他影响商品房质量或者使用功能情形的，房地产开发企业应当在变更确立之日起10日内，书面通知买受人。

买受人有权在通知到达之日起15日内作出是否退房的书面答复。买受人在通知到达之日起15日内未作书面答复的，视同接受规划、设计变更以及由此引起的房价款的变更。房地产开发企业未在规定时限内通知买受人的，买受人有权退房；买受人退房的，由房地产开发企业承担违约责任。

第四章 销 售 代 理

第二十五条 房地产开发企业委托中介服务机构销售商品房的，受托机构应当是依法设立并取得工商营业执照的房地产中介服务机构。

房地产开发企业应当与受托房地产中介服务机构订立书面委托合同，委托合同应当载明委托期限、委托权限以及委托人和被委托人的权利、义务。

第二十六条 受托房地产中介服务机构销售商品房时，应当向买受人出示商品房的有关证明文件和商品房销售委托书。

第二十七条 受托房地产中介服务机构销售商品房时,应当如实向买受人介绍所代理销售商品房的有关情况。

受托房地产中介服务机构不得代理销售不符合销售条件的商品房。

第二十八条 受托房地产中介服务机构在代理销售商品房时不得收取佣金以外的其他费用。

第二十九条 商品房销售人员应当经过专业培训,方可从事商品房销售业务。

第五章 交 付

第三十条 房地产开发企业应当按照合同约定,将符合交付使用条件的商品房按期交付给买受人。未能按期交付的,房地产开发企业应当承担违约责任。

因不可抗力或者当事人在合同中约定的其他原因,需延期交付的,房地产开发企业应当及时告知买受人。

第三十一条 房地产开发企业销售商品房时设置样板房的,应当说明实际交付的商品房质量、设备及装修与样板房是否一致,未作说明的,实际交付的商品房应当与样板房一致。

第三十二条 销售商品住宅时,房地产开发企业应当根据《商品住宅实行质量保证书和住宅使用说明书制度的规定》(以下简称《规定》),向买受人提供《住宅质量保证书》、《住宅使用说明书》。

第三十三条 房地产开发企业应当对所售商品房承担质量保修责任。当事人应当在合同中就保修范围、保修期限、保修责任等内容作出约定。保修期从交付之日起计算。

商品住宅的保修期限不得低于建设工程承包单位向建设单位出具的质量保修书约定保修期的存续期;存续期少于《规定》中确定的最低保修期限的,保修期不得低于《规定》中确定的最低保修期限。

非住宅商品房的保修期限不得低于建设工程承包单位向建设单位出具的质量保修书约定保修期的存续期。

在保修期限内发生的属于保修范围的质量问题,房地产开发企业应当履行保修义务,并对造成的损失承担赔偿责任。因不可抗力或者使用不当造成的损坏,房地产开发企业不承担责任。

第三十四条 房地产开发企业应当在商品房交付使用前按项目委托具有房产测绘资格的单位实施测绘,测绘成果报房地产行政主管部门审核后用于房屋权属登记。

房地产开发企业应当在商品房交付使用之日起 60 日内,将需要由其提供的办理房屋权属登记的资料报送房屋所在地房地产行政主管部门。

房地产开发企业应当协助商品房买受人办理土地使用权变更和房屋所有权登记手续。

第三十五条 商品房交付使用后,买受人认为主体结构质量不合格的,可以依照有关规定委托工程质量检测机构重新核验。经核验,确属主体结构质量不合格的，买受人有权退房；给买受人造成损失的，房地产开发企业应当依法承担赔偿责任。

第六章 法 律 责 任

第三十六条 未取得营业执照，擅自销售商品房的，由县级以上人民政府工商行政管理部门依照《城市房地产开发经营管理条例》的规定处罚。

第三十七条 未取得房地产开发企业资质证书，擅自销售商品房的，责令停止销售活动，处 5 万元以上 10 万元以下的罚款。

第三十八条 违反法律、法规规定，擅自预售商品房的，责令停止违法行为，没收违法所得；收取预付款的，可以并处已收取的预付款 1％以下的罚款。

第三十九条 在未解除商品房买卖合同前，将作为合同标的物的商品房再行销售给他人的，处以警告，责令限期改正，并处 2 万元以上 3 万元以下罚款；构成犯罪的，依法追究刑事责任。

第四十条 房地产开发企业将未组织竣工验收、验收不合格或者对不合格按合格验收的商品房擅自交付使用的，按照《建设工程质量管理条例》的规定处罚。

第四十一条 房地产开发企业未按规定将测绘成果或者需要由其提供的办理房屋权属登记的资料报送房地产行政主管部门的，处以警告，责令限期改正，并可处以 2 万元以上 3 万元以下罚款。

第四十二条 房地产开发企业在销售商品房中有下列行为之一的，处以警告，责令限期改正，并可处以 1 万元以上 3 万元以下罚款。

（一）未按照规定的现售条件现售商品房的；

（二）未按照规定在商品房现售前将房地产开发项目手册及符合商品房现售条件的有关证明文件报送房地产开发主管部门备案的；

（三）返本销售或者变相返本销售商品房的；

（四）采取售后包租或者变相售后包租方式销售未竣工商品房的；

（五）分割拆零销售商品住宅的；

（六）不符合商品房销售条件，向买受人收取预订款性质费用的；

（七）未按照规定向买受人明示《商品房销售管理办法》、《商品房买卖合同示范文本》、《城市商品房预售管理办法》的；

（八）委托没有资格的机构代理销售商品房的。

第四十三条 房地产中介服务机构代理销售不符合销售条件的商品房的，处以警告，责令停止销售，并可处以 2 万元以上 3 万元以下罚款。

第四十四条 国家机关工作人员在商品房销售管理工作中玩忽职守、滥用职权、徇私舞弊，依法给予行政处分；构成犯罪的，依法追究刑事责任。

第七章 附 则

第四十五条 本办法所称返本销售，是指房地产开发企业以定期向买受人返还购房款的方式销售商品房的行为。

本办法所称售后包租,是指房地产开发企业以在一定期限内承租或者代为出租买受人所购该企业商品房的方式销售商品房的行为。

本办法所称分割拆零销售,是指房地产开发企业以将成套的商品住宅分割为数部分分别出售给买受人的方式销售商品住宅的行为。

本办法所称产权登记面积,是指房地产行政主管部门确认登记的房屋面积。

第四十六条 省、自治区、直辖市人民政府建设行政主管部门可以根据本办法制定实施细则。

第四十七条 本办法由国务院建设行政主管部门负责解释。

第四十八条 本办法自2001年6月1日起施行。

参 考 文 献

[1] 余源鹏. 房地产市场调研与优秀案例. 北京：中国建筑工业出版社，2006.
[2] 张永岳. 房地产市场调研基础教程. 上海：学林出版社，2006.
[3] 廖志宇. 房地产调研执行手册. 北京：中国电力出版社，2008.
[4] 余源鹏. 房地产一线销售管理. 北京：机械工业出版社，2006.
[5] 栾淑梅. 房地产市场营销. 北京：机械工业出版社，2006.
[6] 余源鹏. 三天造就售楼冠军. 北京：机械工业出版社，2005.
[7] 范志德. 售楼技巧：售楼人员的38堂课. 北京：机械工业出版社，2008.
[8] Mysoft 明源 http//www.mysoft.com.cn